Herderbücherei

Band 847

Über das Buch

Die Autoren dieses Taschenbuches lassen an einigen beispielhaften Gestalten aus den verschiedensten Kulturräumen (Guru, Roshi, Zaddik, Scheich oder Pir, Starez und Altvater) den „Meister“ sichtbar werden. Der Meister ist – neben Priester und Prophet – eine der Urgestalten der Religion. Das Meister-Jünger-Verhältnis ist aus der Erfahrung erwachsen, daß der Weg nach innen ein schwieriger und gefährlicher Weg ist, für den gewöhnlich-menschliche Klugheit nicht genügt und alle rein psychologische Kenntnis und Erfahrung nicht ausreicht. Denn der Weg nach „innen“, ins Herz des eigenen Selbst wie ins Herz der Wesen und Dinge, ist zugleich der Weg nach „oben“, hin zum Göttlichen. Dieser Prozeß übersteigt menschliche Maße. Hier kann nur der selbst Geist-Erfüllte helfen, kann nur der des Weges zum Göttlichen Kundige Geleiter und Führer sein.

Über die Autoren

Gertrude Sartory, 1923 in Hamm geboren. Germanistische, theologische und juristische Studien. Promotion im kanonischen Recht, Sozialarbeit und Lehrtätigkeit. Seit 1958 freiberuflich tätig als Schriftstellerin und Publizistin.

Thomas Sartory, 1925 in Aachen geboren. Studium der Philosophie, der katholischen und evangelischen Theologie. 1962 Habilitation in Salzburg. Seit 1967 freiberuflich tätig als Schriftsteller und Publizist.

Anschrift:
8301 Niederaichbach bei Landshut, Prinz-Anselm-Allee 4

Gertrude und Thomas Sartory

Erfahrungen mit Meditation
Eine Orientierungshilfe für Christen
Band 588, 144 Seiten

Heilung von innen
Gesund werden als geistiger Vorgang
Band 676, 144 Seiten

Zusammenleben lernen
Gespräche mit Menschen, die ich traf
Band 540, 144 Seiten

Benedikt von Nursia
Weisheit des Maßes
Band 884, 128 Seiten
(Erscheint im September 1981)

In Vorbereitung
Nikolaus von Myra
Die Wahrheit der Legende

in der Herderbücherei

Taschenbücher
zum Bedenken und Verschenken

„Texte zum Nachdenken"
Herausgegeben von
Gertrude und Thomas Sartory

Franz von Assisi
Geliebte Armut
Band 630, 128 Seiten

Mahatma Gandhi
Handeln aus dem Geist
Band 632, 128 Seiten

Weisung in Freude
Aus der jüdischen Überlieferung
Band 633, 128 Seiten

Friedrich Rückert
Am Abend zu lesen
Band 654, 128 Seiten

Ich sah den Ochsen weinen
Die Heiligen und die Tiere
Band 747, 160 Seiten

Lebenshilfe aus der Wüste
Die alten Mönchsväter als Therapeuten
Band 763, 160 Seiten

Herderbücherei

Gertrude und Thomas Sartory

Die Meister des Weges in den großen Weltreligionen

Guru – Roshi – Scheich – Zaddik – Starez
Meisterüberlieferungen der frühchristlichen Mönchsväter

Herderbücherei

Originalausgabe
erstmals veröffentlicht als Herder-Taschenbuch

Herder Freiburg · Basel · Wien
Herstellung: Freiburger Graphische Betriebe 1981
ISBN 3-451-07847-3

Inhalt

Vorwort

Meister – das ist ein altertümliches Wort; es hat etwas breit Menschliches, nicht die eher spitze Intellektualität von *Lehrer, Doktor, Professor*. Meister – da denken wir etwa an den gravitätischen, biederen Handwerker alten Schlages, der seinen Lehrlingen nicht nur jeden Handgriff beibrachte, den sie beherrschen mußten, sondern der ihnen zumeist auch ein Stück Lebensmeister war. Zwar hatte er ihnen auch das nötige Wissen zu vermitteln, aber mehr noch das rechte Können und nicht selten auch das richtige Tun. Die Könige gar unter den Könnern, die *Künstler,* wurden ehedem von der Nachwelt mit dem Meister-Titel ausgezeichnet wie mit einer Krone. Nur die wenigsten brachten es zu jener Vollendung ihrer Kunst, die sie als „Meister" in die Annalen der Geschichte eingehen ließ. Dann freilich genügten die Werke ihrer Kunst, um sie zu identifizieren: ihr Name verging wie Schall und Rauch; ihre persönliche Lebensgeschichte versank im tiefen Bodensatz des geschichtlich nicht Tradierenswerten; aber als Meister ihrer Werke lebten sie fort.

Auch die *Meister des Weges* sind Künstler auf ihre Weise. Nicht in den Gestaltungen von Sprache, Farbe oder Klang, sondern in der „Gestaltung" – Vollendung – ihres Selbst! Und ebenso wie bei einem Dichter, Maler oder Komponisten ist auch das „Kunstwerk" dieser *Meister des Weges* zugleich Frucht himmlischer Gabe (ob man sie nun *Gnade, Charisma* oder *spirituelle Genialität* nennt) *und* eines verzweifelt harten, oft jahrzehntelangen Ringens um Läuterung, Vervollkommnung, Heiligung, Vertiefung.

Ob es der *Roshi* ist, der japanische Zen-Meister, oder ein

Guru irgendwo in Indien oder Tibet, ob einer der *Starzen* im alten Rußland, ob ein jüdischer *Zaddik* oder irgendein *Pir* oder *Scheich* der islamischen Sufis: „Meister des Weges" kann immer nur einer sein, der bereits sichtbar und erfahrbar verkörpert, was der Schüler, der Jünger werden will; werden will und kann auf einem Weg, der immer je dort beginnt, wo der Adept nun einmal steht, der ihn aber an ein Ziel bringen wird, das sternenweit von seinem Ausgangspunkt entfernt ist!

Von Meistern des Weges soll in diesem Buch die Rede sein, von der geradezu archetypischen Gestalt des *Meisters,* wie sie in allen großen Religionen auftaucht. Wie sich die Wege der Religionen voneinander deutlich unterscheiden, so haben auch die *Meister des Weges* ihr eigengeprägtes Gesicht – im Hinduismus wie Buddhismus, im Judentum, Christentum, Islam. Und doch sind sie in der Tiefe ihres Wesens einander verwandt. Denn zwar sind die Wege je nach Religion verschieden – je näher sie aber ans letztlich Wesentliche heranführen, um so mehr fangen sie an, einander zu gleichen. Sie sind wie die Speichen eines Rades: je mehr zur Peripherie hin (zum „Äußerlichen"), um so ferner voneinander und fremder einander – je näher zum Mittelpunkt, um so näher beieinander, um so ähnlicher einander. Die Wege der Meister sind Wege zum Zentrum, zur Mitte: daher die immer wieder überraschende Verwandtschaft der Ziele und der spirituellen Praktiken (bei allen deutlichen und gravierenden Unterschieden im einzelnen!).

Von den Meistern des Weges sprechen bedeutet zugleich von ihren Wegweisungen sprechen. Da wir jeweils nur eine knappe Skizze bieten können vom Guru, Roshi, Pir oder Scheich, vom Zaddik und vom Starez, müssen wir uns auch bei der Darstellung ihrer spirituellen Lehre auf einige markante Punkte beschränken. Wir haben uns bemüht, solche auszuwählen, die zwar einerseits typisch oder gar spezifisch für die verschiedenen Meister-Wege sind, die aber andererseits dennoch etwas menschlich Allgemeingültiges signalisieren: geistige und geistliche Orientierungen, aus denen jeder für seinen inneren Weg etwas lernen könnte.

Dieses Auswahlprinzip gilt auch für den zweiten Teil dieses

Buches, der von den Wegweisungen der frühchristlichen Mönchsväter handelt. Hier haben wir es mit der ältesten christlichen Meister-Tradition zu tun, völlig geprägt durch den Geist und die Spiritualität der Bibel. Diese umfassende und authentisch christliche Meister-Überlieferung ist zur Grundlage der christlichen Askese und Mystik geworden. Und dennoch ist auch sie nicht spezifisch christlich in dem Sinn, daß sie einem Nichtchristen keinerlei Orientierung geben könnte. Durch weite Strecken hin bietet sie eine Art Psycho-Therapie an, heilsam jeder Seele, die einen Weg sucht aus dem Dunkel zum Licht, aus der Selbstverfangenheit in die Freiheit, aus Gottfremde zur Gottnähe.

Pilgerfahrten der Seele

Der Kleine Prinz – dieses liebenswürdige Geschöpf des französischen Schriftstellers Antoine de Saint-Exupéry – wird von seinem Schöpfer sozusagen auf umgekehrte Pilgerreise geschickt, nicht aus den Profanitäten des Alltags zu einem fernen Gottesheiligtum, nicht von der Erde zum Himmel, nicht aus den Äußerlichkeiten des Lebens ins Innere der eigenen Seele. Er kommt ja beinahe aus dem Himmel, der Kleine Prinz – kommt von seinem winzigen Stern, auf dem eine einzige Rose ein solches Weltereignis ist, daß die Seele in Liebe zu ihr entbrennen muß. Nun dagegen, da es von Planet zu Planet immer erdennäher wird, lernt er eine andere Welt kennen, die Welt der Erwachsenen, in der nichts von dem wichtig ist, was seine Seele so ganz ausfüllt, wo dagegen tausend andere Dinge für weltbewegend erachtet werden, deren Bedeutsamkeit ein kindlich-himmlisches Wesen nicht einmal verstehen kann. Er lernt den Eitlen kennen und den Herrschbegierigen und den Geschäftemacher. „Die großen Leute sind entschieden sehr verwunderlich!“ – und kopfschüttelnd reist der Kleine Prinz weiter, immer neuen merkwürdigen Erfahrungen entgegen. Der Besuch beim Säufer fällt besonders kurz aus, aber er taucht den Besucher vom fernen Stern in tiefe Schwermut.

„Was machst du da?“ fragte er den Säufer, den er stumm vor einer Reihe voller Flaschen sitzend antraf. „Ich trinke“, antwortete der Säufer mit düsterer Miene. „Warum trinkst du?“ fragte ihn der Kleine Prinz. „Um zu vergessen“, antwortete der Säufer. „Um zu vergessen?“ erkundigte sich der Kleine Prinz, der ihn schon bedauerte. „Um zu vergessen, daß ich mich schäme“, gestand der Säufer und senkte den Kopf. „Weshalb schämst du dich?" fragte der Kleine Prinz, der den Wunsch hatte, ihm zu helfen. „Weil ich saufe", endete der Säufer und verschloß sich endgültig in sein Schweigen. Und der Kleine Prinz verschwand bestürzt. „Die großen Leute sind entschieden sehr, sehr wunderlich", sagte er sich auf seiner Reise[1].

Natürlich eine dichterische Erfindung! Aber ob der Kleine Prinz ein nur erfundenes Geschöpf ist? Man ist so spontan von ihm entzückt, so innerlich überzeugt, daß er recht hat und es in der Welt der Erwachsenen tatsächlich so absurd zugeht! Wäre der Kleine Prinz so schnell weltberühmt geworden, wenn er nicht irgendwie in unserer Seele lebte?

Unter der Schale der Alltagsinteressen können ganz andere Bedürfnisse lebendig sein: seelische Impulse, die manchmal innen pochen und picken wie ein Küken im Ei, das aus der Schale herauswill. Ja, hin und wieder melden sie sich: in gelegentlichen Anfällen von Depressionen und unklaren Sehnsüchten, in merkwürdigen Träumen, die verraten, daß man sich in seiner Haut ganz und gar nicht wohl fühlt, daß man letztlich un-zufrieden ist, un-befriedigt, voll von unbewußten Ängsten, man könne gerade das Entscheidende verpassen, habe sich vielleicht verirrt, werde irgendein geheimnisvolles Ziel nicht erreichen, das man zwar nicht kennt, das zu erreichen aber offenbar äußerst notwendig, lebensnotwendig, ist!

Als rühre sich tief unten im Grunde der Seele eine Erinnerung, die aufsteigen will, aber nicht recht hochkommt – die zurückweicht, wenn klares Bewußtsein sie packen will, die wieder untersinkt, bevor man ihrer recht gewahr wird. Erinnerung an was? Daran, daß man noch „wer anders" ist, anders, als man sich kennt. Daß man – irgendwie! – von „höherer Art" ist, nun aber verbannt, gebannt in eine niedere Daseinsweise. Wie ein Mensch, den die Hexe verzaubert hat in die Gestalt eines Tieres (freilich eines Tieres, das verständig ist und sprechen kann!); wie eine Prinzessin, verwunschen, unkenntlich in der Rolle der verachteten Magd! Die Märchen variieren das Thema uner-

---

[1] Antoine de Saint-Exupéry, Der Kleine Prinz, Karl Rauch Verlag, Düsseldorf o.J., S. 33.

schöpflich in immer neuen Geschichten. Die Mythen ahnen das Geheimnis, die Religionen umhüllen es mit Symbolen, stellen es dar in ihren Riten, feiern es in sakramentalen Handlungen.

Der Mensch ist mehr, als er scheint. Das sagen auch die beiden Schöpfungsberichte im ersten Buch Mose, jeder sagt es auf seine Weise: Der Mensch ist in Gottes eigenem Bild geschaffen – er ist das durch Gottes Lebenshauch beseelte Geschöpf. So ist sein Leben irdisch-überirdisch; kreatürlich und animalisch ist es und doch auch „himmlisch“, ja „göttlich“. Darum wird in der *jüdischen Tradition* nicht nur einfach von „Leib und Seele“ des Menschen gesprochen, sondern die Seele ihrerseits wird wiederum unter einem Doppelaspekt gesehen – der Mensch also als ein Wesen mit *drei Lebenswurzeln* betrachtet.

Im Seder Jezirat Hawlad – einem Text aus der alten jüdischen Überlieferung – wird aufs anschaulichste geschildert, was sich bei der Gestaltung eines Kindes (im Werden des Embryo) alles abspielt[2]. Nehmen wir's ruhig als kleinen Mythos – symbolhaft, und das heißt: auf überreale Weise wahr. – In der Stunde, da ein Kind gezeugt wird, ruft Gott den Engel, der „der Verweser ist über die Schwangerschaft“: „Geh, und wahre den Keim!“ Der Gottesbote nimmt den Keim, bringt ihn vor Gott und fragt: „Dieser Keim – was soll aus ihm werden?“ Und Gott beschließt, ob daraus ein Held werden soll oder ein Schwacher, Mann oder Frau, ein Narr oder Weiser, ein Reicher oder Armer. Nur eins wird nicht im Himmel beschlossen: ob es ein Gottesfürchtiger wird oder ein Sich-gegen-Gott-Verhärtender, denn das bleibt der Wahl des Menschenherzens anheimgestellt.

Wichtig ist, zu verstehen, daß dieser „Keim“ noch nicht die „himmlische“ Seele ist. Vorläufig haben wir es also nur mit dem leib-seelischen Menschen zu tun, wie er bedingt ist durch Vererbung und Schicksal – einmal durch das Erbteil seiner Vorfahren, dann aber auch durch gewisse schicksalhafte Prägungen, wie ein Kundiger sie vielleicht aus dem Horoskop herauslesen könnte.

---

[2] Weisung in Freude – Aus der jüdischen Überlieferung. Ausgewählt und eingeleitet von Gertrude und Thomas Sartory; In der Reihe „Texte zum Nachdenken“ der Herderbücherei, Freiburg i. Br. [2]1978, S. 105ff.

Jetzt erst winkt Gott einem anderen Engel, der „der Verweser über die Seelen" genannt wird, und gebietet ihm: „Bring mir jene Seele dort!" Und als die Seele vor IHM erscheint, spricht zu ihr der Herr: „Geh ein in jenen Keim! Denn als ich dich gestaltet habe – für *diesen Keim* habe ich dich gestaltet!" Und sogleich läßt Gottes Bote die Seele ins Eingeweide der Mutter einkehren.

Aber der Engel überläßt die Seele nicht ihrem Schicksal; vieles soll der werdende Mensch noch sehen, bevor er die Bühne der irdischen Welt betritt. Eine regelrechte „Bildungsreise" steht der Seele des werdenden Kindes bevor. Zwar bringt der Engel sie jeden Abend ins Eingeweide seiner Mutter zurück, aber jeden Morgen holt er das junge Wesen zu einer neuen Wanderung.

„Und er wandert mit ihm vom Morgen bis zum Abend und läßt es jeden Ort sehen, den seine Fußsohle betreten wird, und den Ort, in dem es einst wohnen wird, und auch den Ort, in dem es einst begraben sein wird. Und hernach läßt er es die Welt der Guten und der Bösen sehen."

Die ganze Spanne des künftigen Lebensweges wird so im voraus durchwandert, keine Station wird übergangen. Wird doch jede wichtig sein, entscheidungshaft – in diesem Widerstreit von Gut und Böse, worin der Mensch sich zu bewähren haben wird. – Aber das alles ist doch nicht real zu verstehen? Es wurde schon gesagt: eine symbolhafte Geschichte, wenn auch – möglicherweise – nicht ohne beträchtlichen Realitätsgehalt!

Sehr konkrete menschliche Erfahrungen könnten bei ihr Pate gestanden haben: die oft zitierten, vielerörterten „Déjà-vu-Erlebnisse". Ich lerne etwa einen Menschen kennen, und plötzlich durchfährt es mich: „Den kenne ich doch!" Ich komme irgendwohin, wo ich nie zuvor war, und auf einmal schwindelt's mir: „Das ist mir doch alles ganz vertraut! Hier muß ich doch mal gewesen sein!"

Freilich: Erlebnisse solcher Art sind höchst ausnahmehaft. „Erinnerungen" sind eigentlich nicht vorgesehen – wie auch unsere kleine Geschichte aufs präziseste lehrt. Denn wenn die

Stunde der Geburt kommt (so heißt es), „schlägt der Bote das Kind unter die Nase" – da vergißt es alles, was es gesehen hat. Das ist der berühmte „Nasenstüber", von dem die jüdische Mystik spricht. Aber wozu dann der ganze Aufwand?

Nicht konkrete bleibende Informationen sollte die Seele auf ihren Bildungsfahrten empfangen, sondern eine bleibende Prägung – entsprechend jenem Wort, wonach „Bildung" das ist, was übrigbleibt, nachdem man alles vergessen hat, was man gelernt hatte! Etwas bleibt von den vorgeburtlichen Erlebnissen in der Seele zurück: ein Wissen tief innen, daß alles, was man im Leben erfährt, eine tiefere Bedeutung hat, als man sehen kann – daß da geheimnisvolle Hintergründe und Zusammenhänge sind, die man nur vage ahnen kann.

Christian Morgenstern schreibt in einer Tagebuchnotiz:

„Ich bin wie eine Brieftaube, die man vom Urquell der Dinge in ein fernes, fremdes Land getragen und dort freigelassen hat. Sie trachtet ihr ganzes Leben nach der einstigen Heimat, ruhlos durchmißt sie das Land nach allen Seiten. Und oft fällt sie zu Boden in ihrer großen Müdigkeit, und man kommt, hebt sie auf und pflegt sie und will sie ans Haus gewöhnen. Aber sobald sie die Flügel nur wieder fühlt, fliegt sie von neuem fort, auf die einzige Fahrt, die ihrer Sehnsucht genügt, die unvermeidliche Suche nach dem Ort ihres Ursprungs."[3]

Rätselhafte Sicherheit des Instinkts! Denn nicht „weiß" die Taube, wo ihr heimatlicher Schlag ist, weiß nicht mit dem Kopf, welche Richtung sie einschlagen muß, um zu ihm zurückzufinden. Sie weiß nur, daß sie dort nicht bleiben mag, wo sie ist, daß sie *fliegen* muß.

Aus einem ähnlich mysteriösen inneren Drang geht der Mensch auf *Pilgerfahrt.* Es ist (wie man es heute nennen würde) eine Art Psychodrama, das ihn in seinen Bann zieht. Er mag nicht zu Haus bleiben, obwohl er Kirche, Bethaus oder Tempel vielleicht gleich nebenan hätte. Nein: es muß ein Heiligtum in weiter Ferne sein, nur unter erheblichen Strapazen zu errei-

---

[3] Christian Morgenstern, Gesammelte Werke, R. Pieper Verlag, München 1965, S. 429.

chen – wie eben das Ziel des Lebens auch! Und wenn vor dem Auge des jüdischen Pilgers Jerusalem auftauchte, die Stadt hoch oben auf dem Berge – als wäre sie vom Himmel herabgestiegen! –, wurde sie dem inneren Auge zur ewigen Stadt Gottes, Ursprungsort wie Bestimmungsort, Heimat der Seele, Ziel der ganzen irdischen Pilgerreise. So wird das Jerusalem der Pilger auch im Neuen Testament zum Inbegriff des Zieles: sowohl der Vollendung des persönlichen Lebensweges wie auch der Vollendung der gesamten Menschheitsgeschichte.

Als das palästinensische Jerusalem dem christlichen Pilger verlorenging, fand und erfand man sich im Westen ein neues „Jerusalem": in Santiago zu Compostela. Hier, im nordwestspanischen Galicien, war im 9. Jahrhundert das Grab des Apostels Jakobus aufgefunden worden. Nun: ob dort tatsächlich die Reliquien des ersten Apostel-Märtyrers ruhen, läßt sich heute mit ausreichender historischer Gewißheit weder behaupten noch widerlegen, aber im Mittelalter zweifelte kein Mensch an der Authentizität dieses Apostelgrabes. In kürzester Frist, mächtig anschwellend vom 10. Jahrhundert an, setzte eine geradezu unvorstellbare Wallfahrtsbewegung nach Santiago ein. Die großen europäischen Pilgerstraßen, gesäumt von den herrlichsten Denkmälern mittelalterlicher Baukunst, sind heute noch rekonstruierbar. Compostela galt schon bald als das „westliche Jerusalem", und die Pilgerfahrt zum heiligen Jakobus sollte größte Bedeutung für die Bildung des europäischen Gemeinschaftsgefühls erlangen: sie schuf wesentlich das mit, was wir „Abendland" nennen. Die Pilgerfahrten nach Santiago förderten das Bewußtsein, einer geistig wie kulturell einheitlichen Welt anzugehören. Die schwierige und oft gefährliche Pilgerschaft prägte nachdrücklich das allen gemeinsame Verständnis des Lebens: Leben als Pilgerfahrt durch die Welt zu einem weltjenseitigen Ziel[4].

Im alten Rußland fand das Pilgertum eine ganz einzigartige Ausprägung. Der *Strannik*, wie der Pilger hier heißt, ist gera-

---

[4] Vera und Helmut Hell, Die große Wallfahrt des Mittelalters, Verlag Ernst Wasmuth, Tübingen 1964.

dezu „eine Kategorie des russischen Geistes", wie Berdjajew einmal gesagt hat[5]. Das mag damit zusammenhängen, daß der russische Mensch ein elementares Empfinden für die Vergänglichkeit alles Irdischen hat und darum fast mit einer Art von Naturinstinkt nach dem Ewigen verlangt. Unzählige Menschen gingen wenigstens einmal im Leben für lange Zeit auf Pilgerfahrt, und nicht wenige gaben das hauslose Leben niemals wieder auf, sondern blieben ein Strannik bis zum Tod. Andere machten sich, wenn auch für wenige Wochen nur, alljährlich einmal auf den Weg: ähnlich wie man hierzulande Exerzitien macht, ging man in Rußland eben auf Pilgerfahrt. „Solche Pilgerschaften sind in religiöser Hinsicht sehr viel wert, der Alltag wird beiseite geschoben, aber nicht um leere Ferien zu begehen und sich im Nichtstun zu erholen, sondern vielmehr um der Hauptsache, dem Heiligtum, zu leben, Buße zu tun, die Seele zu läutern, sich im Gebet und in der Wallfahrt zu erneuern... Solche Pilgerschaften helfen dem Menschen, sich im Leben eine ‚seelenrettende Insel' zu schaffen, sich in die Lebensdimension des Göttlichen zu begeben" (Iwan Iljin)[6].

Die große Bedeutung der Wallfahrt innerhalb der christlichen Welt wird jedoch weit übertroffen durch die Rolle der Pilgerschaft im Islam. Fünf Säulen nennt man, auf denen der Islam beruht. Eine dieser tragenden Säulen ist die Wallfahrt nach Mekka (neben den vier anderen Säulen: Bekenntnis der Einzigkeit Gottes, rituelles Gebet, vorgeschriebenes Almosen, rituelles Fasten). Die Pilgerfahrt gehört also zu den fünf Elementen, die den Muslim ausmachen. Wenigstens einmal im Leben soll jeder die beispielhafte Wallfahrt des Propheten (die sogenannte „Abschiedswallfahrt" Mohammeds) bis in alle Einzelheiten hinein genau nachvollziehen. Ein Muslim ist also wesenhaft ein zur Pilgerschaft Berufener; hat er die Wallfahrt, den „Haddsch", vollendet, so darf er fortan den Ehrennamen eines „Haddschi" tragen.

Übrigens ist nicht Mekka selbst das eigentliche Ziel dieser

[5] Zitiert nach Walter Nigg, Des Pilgers Wiederkehr, Artemis-Verlag, Zürich – Stuttgart 1954, S. 131.

[6] Zitiert nach W. Nigg, a.a.O. S. 132.

Wallfahrt. Mag der Schwarze Stein (die Kaaba) noch so inbrünstig verehrt werden, beim *Haddsch* steht nicht Mekka im Zentrum des Pilgerkultes, sondern Arafat, rund 25 km östlich von Mekka. Hier wird am Opferfest (dem höchsten Feiertag des Islam) das Gedächtnis an Abrahams Opfer begangen. Wie die Bibel stellt auch der Koran Abraham dem Gläubigen vor Augen: ihn, der selbst den eigenen Sohn zu opfern bereit war – wenn Gott will! Auch nach dem Koran „will" Gott es nicht: ein Schlachttier soll Abraham darbringen, anstelle des Sohnes, stellvertretend für das, was ihm in dieser Welt am kostbarsten ist. Die Faszination, welche die Geschichte von Abrahams Opfer auf Muslime ausstrahlen muß, läßt sich wohl nachempfinden – bedeutet „Islam" doch nichts anders als vorbehaltlose Hingabe an Gott.

Inbrunst der Selbsthingabe – Freude an dem Dienst, den Gott vom Menschen will: das sind die beiden starken Impulse, die dem islamischen Opferfest sein seelisches Gepräge geben. Es wird im Wallfahrtsmonat gefeiert, dem 12. Monat des islamischen Mondkalenders, an verschiedenen Örtlichkeiten zu und um Arafat, die von der Überlieferung mit der Geschichte Abrahams in Beziehung gesetzt werden. Es ist ein mehrtägiges heiliges Geschehen, von höchst altertümlichen Riten bestimmt. Der Pilger wird in einen spirituellen Prozeß hineingenommen, der ihn von Station zu Station weiterträgt. Was immer der einzelne sonst ist – Mann oder Frau, Viehhirt oder Rechtsanwalt, Neger oder Araber –, was immer er im normalen Leben treiben, in der Welt gelten oder darstellen mag, soll er in diesen Tagen vergessen. Hier ist er nur Bruder unter Brüdern, Gott geweiht, dem Alltag entnommen. Alle tragen haargenau das gleiche Pilgergewand; weder Rasieren noch Kämmen, weder Haare- noch Nägelschneiden, weder Körperpflege noch sexueller Verkehr ist erlaubt. Nur der „innere Mensch" zählt! Viele Stunden verharren die Pilger im Gebet, viele Stunden sind sie unterwegs, oft eiligsten, ja laufenden Schritts, als könne das Ziel nicht schnell genug erreicht werden. Man nimmt sozusagen Abrahams Weg buchstäblich noch einmal unter die eigenen Füße, um zu „erfahren", was Abraham erfahren hat.

Tief wie die Sprache ist, läßt sie uns eine bestimmte Art von Erkennen „Erfahrung" nennen. Während die aus der Anstrengung des Intellekts geborene Erkenntnis leicht etwas Abstraktes hat, blutleer wirkt, uns nicht spontan beeindruckt, kristallisieren „Erfahrungen" sich aus dem unmittelbaren Erleben heraus: man hat es selbst gesehen, selbst gehört, mit eigenen Nerven erspürt. Solche Erkenntnis drängt sich einem auf, spontan und machtvoll. „Ich weiß das nicht nur vom Hörensagen", betonen wir, „ich war selber dort, habe es selbst er-fahren!" Wobei *fahren* nicht im neuzeitlichen Wortsinn zu nehmen ist, als müsse man sich dazu eines Fahrzeugs bedienen! Das alte Wort *fahren* umfaßt jede Art von Fortbewegung, wie heute noch das Wort *Pilgerfahrt* zeigt. *Erfahren* kommt von *ervarn* und heißt ursprünglich nichts anderes als „reisend erkunden". Um in diesem Sinn etwas zu *er-fahren,* muß man sich nicht unbedingt im geographischen Sinn auf den Weg machen. Vieles läßt sich rein geistig er-fahren. Da geht gleichsam die Seele allein auf Fahrt. Im Extremfall der Ekstase sogar buchstäblich: die Seele „verläßt" den Körper, der völlig bewegungsunfähig, starr wird, während die Seele um so beweglicher entschnellt – in unbekannte geistige Kontinente. Aber auch ohne Ekstase kann man sehr wohl in den eigenen vier Wänden bleiben und dennoch innerlich auf Pilgerreise gehen, Göttliches er-fahrend.

Wo aber soll man IHN suchen? Wo ist er zu finden? Und wie? Um diese Fragen kreist die berühmte islâmische Vogel-Risale: Geschichten von einer Vogelreise, die die Sufi-Meister gern erzählten. In der Vogel-Risale geht es um eine Pilgerfahrt der Vögel zu ihrem geheimnisumwitterten König, dem Sagenvogel Simurgh. „Vogel" ist hier wie überall das Symbol der Seele, während der Simurgh in dieser Fabel mit allen Attributen des Göttlichen ausgestattet ist. Wo also ist der Simurgh, und wie gelangt man zu ihm? Nur einer der Vögel ist des Weges kundig: der Wiedehopf ist der einzig „Er-fahrene" in der Vogelschar, ist er doch nach dem Koran einstmals Salomos Bote gewesen, Bote also des Allerweisesten unter Israels Königen. Der Simurgh, so verrät der Wiedehopf den anderen Vögeln, wohnt hinter dem Berg Qaf und hat zehntausend Schleier aus Licht und Dunkelheit um sich. Niemand hat ihn je gesehen, und alles, was man von ihm weiß, ist bloßes Wähnen. Der Weg zu ihm ist weit und gefährlich. Einmal hat er eine Feder über China abgeworfen; seitdem ist diese Unruhe um ihn in der ganzen Welt. Niemand kennt von ihm mehr als die Zeichnung dieser einen Feder. Die gesamte Schöpfung nämlich entstammt dieser Feder. Wer von den Vögeln mit auf die Reise will, mache sich bereit[7]!

Die Worte des Wiedehopfs lassen in den Vögeln eine mächtige Sehnsucht entbrennen. Sie beschließen, die Reise zu wagen. Gleichzeitig zittern sie vor den Gefahren des Weges. Sieben Täler nämlich sind zu durchqueren. Der Wiedehopf beschreibt sie, eins nach dem anderen:

Jahrelang wird man sich abmühen müssen im „Tal des Suchens“, bis man endlich sich von allem losgerungen hat, was den Blick für die Wahrheit verstellt. Erst wenn das Herz frei und ganz rein geworden ist, beginnt Gottes Licht zu leuchten. Nach dem „Tal der Liebe“ und dem „Tal der Erkenntnis“ wird dann im vierten, im „Tal des Nichtbedürfens“, offenbar, wie bedeutungslos alles ist, was in dieser Welt geschieht. Im „Tal der Einheit“ wird das Einssein des scheinbar „Vielen“ offenkundig. Das sechste ist das „Tal der Verwirrung“. Wer hierhergelangt, weiß nicht mehr, ob er ist oder ob er nicht ist. „Er ist verliebt und weiß nicht in wen; er weiß nicht, ob er gläubig ist oder ungläubig. Sein Herz ist voll von Liebe und doch leer zugleich. Er wird an sich selbst irre und weiß keinen Ausweg mehr.“ Das letzte Tal ist das „Tal der Entäußerung und des Entwerdens“. Wer in dieses Meer eintaucht, schaut das Geheimnis der Welt. Aber von dort gibt es kein Zurück. Niemand kann denen, die noch am Ufer stehen, Kunde bringen; er kann ihnen nicht vermitteln, was er im „Meer“ er-fahren hat[8].

Die Stationen der Pilgerreise werden also nicht etwa harmloser; mit den höheren Stufen tauchen neue Schwierigkeiten und noch größere Gefahren auf. Die Vögel sind auf den Wiedehopf

---

[7] Hellmut Ritter, Das Meer der Seele, Verlag E. J. Brill, Leiden 1955, S. 11.
[8] H. Ritter, a.a.O. S. 15f.

angewiesen, der sich in den Sieben Tälern auskennt: der Pilger bedarf eines Menschen, der des Weges kundig ist – des Meisters also! Der Meister ist der Pilgerführer, der zum *Weg* gehört wie der Weg zur Seele. Darum der „Ruf nach dem Meister" – ob in der Gestalt des Guru oder Roshi, des Scheich oder Pir, des Zaddik oder Starez. Und man denke nicht, daß dieses Verlangen nach dem des Weges Kundigen dem Protestantismus völlig abgehe! Ausgerechnet dort, so man vielleicht am wenigsten auf mystische Er-fahrungen des Göttlichen gefaßt ist – in der Welt des Puritanismus! – ist John Bunyans berühmte Schrift „The Pilgrim's Progress" entstanden. Lange Zeit galt sie als das weitverbreitetste Buch nach der Bibel. 1678 erstmals erschienen, wurde „The Pilgrim's Progress" unzählige Male neu aufgelegt, in fast alle Sprachen der Welt übersetzt und ist auch heute für zahllose Menschen der angelsächsischen Welt immer noch ein Lebensbuch, mit dessen allegorischen Gestalten man von Kindheit an vertraut ist.

„The Pilgrim's Progress"[9] ist ein Buch von der inneren Lebensfahrt des Menschen, im Gefängnis geschrieben von einem einfachen, ungelehrten Mann, der zwölf Jahre aus religiösen Gründen eingekerkert war. Seine Schrift basiert auf rund zwanzig Jahre zurückliegenden Visionen, Träumen, Erleuchtungen, die seinem Leben eine Wende gegeben hatten.

Bunyan hat seinen inneren Prozeß in der Art eines Traumgeschehens dargestellt: Ein Mann, „Christ" genannt, der in der Stadt „Verderben" lebt, erniedrigt und verzweifelt, wird Schritt für Schritt dahin geführt, in der Himmlischen Stadt, dem Neuen Jerusalem, Erlösung zu suchen. Es ist ein Weg, der mit seinen verschiedenen Stationen an anderswo beschriebene Seelenfahrten erinnert, etwa an die der Vogel-Risale. Auch hier gilt es, verschiedene Täler zu durchqueren, so etwa nach dem „Sumpf der Verzagtheit" das „Tal der Demütigung" und das „Tal des Todesschattens". Bunyans Geschichte klinge derart authentisch, sagt Esther Harding, sie gebe ein so getreues Bild

---

[9] Deutsche Übersetzung unter dem Titel: John Bunyan, Pilgerreise zur seligen Ewigkeit, Verlag der St.-Johannis-Druckerei C. Schweickhardt, Lahr-Dinglingen [8]1922.

vom inneren Suchen des Menschen, daß sie zu einer psychologischen Untersuchung wie wirkliches kasuistisches Material geeignet sei.

Esther Harding, Schülerin C. G. Jungs, hat die Probe aufs Exempel gemacht und ihre psychologische Deutung von Bunyans „Pilgerreise“ veröffentlicht. In der deutschen Übersetzung trägt ihr Buch den Titel „Selbsterfahrung“[10].

Eine rein psychologische Interpretation der Pilgerfahrt der Seele hat freilich auch etwas tief Problematisches: aus der methodischen Beschränkung auf das wissenschaftlich Aussagbare wird leicht eine inhaltliche Verkürzung geistiger Grundwirklichkeiten. Der Psychologe betrachtet (als Psychologe!) religiöse Phänomene als Projektionen der Seele: Innerpsychisches werde nach außen gespiegelt und dort wie etwas Außerpsychisches, „objektiv Vorhandenes“ wahrgenommen.

Nun ist es zweifellos richtig beobachtet, daß „außen“ und „innen“ einander entsprechen. Aber spiegelt sich nur „innen“ nach „außen“? Warum nicht vielleicht genausogut auch „außen“ nach „innen“? Wenn bestimmte innerpsychische Bilder und bestimmte religiöse Phänomene fast spiegelbildlich sind – warum können dann nicht genausogut die Archetypen der Psyche als „Introjektionen“ geistiger Wirklichkeiten von „oben“ oder „außen“ ins Seeleninnere betrachtet werden? – Mit anderen Worten: Wie kommen die Archetypen in die Psyche hinein? Eine Art von Erklärung, wenn auch im mythischen Gewand, gibt die oben erzählte jüdische Geschichte von der Entstehung des Menschen. Platons Lehre von den „Ideen“ geht in eine ähnliche Richtung.

Freilich, ob man nun in den Bildern der Psyche eine Widerspiegelung geistiger Realitäten sieht oder die ganze Himmelswelt nur für eine Projektion der Psyche hält – in *einem* Resultat trifft man sich: Erfahrung des Göttlichen und Erfahrung des Selbst sind nicht zwei voneinander verschiedene Prozesse; unter der Voraussetzung freilich nur, daß unter dem Selbst nicht

---

10 Esther Harding, Selbsterfahrung – Eine psychologische Deutung von Bunyans Pilgerreise, Rhein-Verlag, Zürich 1957.

das empirische Ich, sondern das wahre Selbst, der Wesenskern, verstanden wird!

So kann Esther Harding mit Recht von Bunyans „Pilgerreise" sagen: „Es ist der Weg, den jeder gehen muß, wenn er sich einer Psychoanalyse unterzieht und der Individuationsprozeß vom Innersten her voranzuschreiten beginnt, und es ist der gleiche Gang der Entwicklung, auf den alle religiösen Erziehungsmethoden hinzielen, sei es in der Welt des Ostens, des Islam oder des Christentums, sei es in den Initiationsriten primitiverer Völker."[11]

Denn die Pilgerfahrten der Seele haben letztlich alle das gleiche Ziel. Es gibt nur *einen* Gott, wie immer man ihn versteht, auf welche Weise immer man ihn sucht. Alle Pilgerwege laufen letztlich auf die gleiche Richtung hinaus. Unter wie verschiedenen Typen auch immer der „Meister" Kontur gewinnen mag – es ist überall und immer die gleiche Urgestalt des Alten Weisen: Meister des Weges.

---

[11] E. Harding, a.a.O. S. 20.

ERSTER TEIL

Die Meistergestalten

Türhüter des Hauses

– Der indische Guru –

Das Göttliche *erfahren:* das ist wie ein Drang, wie ein Urtrieb der menschlichen Seele. Man kann ihn sehr wohl ver-drängen – bis in die allerletzten, unbewußten Schichten. Auslöschen kann man ihn nicht. Die Sprache der Träume beweist es. Nun gibt es ein Menschheitsland, Indien, wo dieses religiöse Urbedürfnis am wenigsten verleugnet oder verschüttet worden ist. Das gibt Indiens vieltausendjähriger Geistesgeschichte eine ganz und gar spirituelle Note. Triebfeder war und ist bis zum heutigen Tag die unbändige Sehnsucht, die Wahrheit hinter dem Schleier zu finden – hinter dem Schleier der Dinge, hinter dem Schleier der Götter und hinter dem Schleier des Ichs.

Aus diesem Trieb nach dem, was *hinter* allem ist, hat Indiens Seele sich nie mit einem einzigen Glauben, einer einzigen Religion völlig identizifieren können. Indien ist nicht nur das Land des Hinduismus, es ist auch das Mutterland des Buddhismus und war jahrhundertelang ein bedeutendes Herrschaftsgebiet des Islam. Rein hinduistisch ist Indien nie gewesen – Sikhs etwa, Jainas, Parsen, Thomaschristen sind keine Hindus und dennoch zweifellos „waschechte“ Inder.

Der Hinduismus ist insofern nicht „die Religion Indiens“, er ist nicht einmal „die typische Religion“ Indiens – aus dem einfachen Grunde, weil er gar nicht *eine* Religion ist. „Hinduismus“ steht für eine ganze Welt von Religionen und Glaubenssystemen. Da gibt es kein gemeinsames religiöses Bekenntnis, nicht einmal ein noch so kurzgefaßtes Credo, in dem *alle* übereinstimmen könnten. Ein Hindu kann viele, unzählige Götter verehren; er kann aber auch entschiedener Monotheist sein, dem die Einzigkeit und Einheit Gottes glutvolles Zentrum seines ganzen Glaubens und Lebens ist; man hört nicht einmal dann auf, Hindu zu sein, wenn man denkerisch eine atheistische Grundposition einnimmt. Der Hinduismus ist ein religiös-soziales System, dem der einzelne Hindu aufgrund seiner Kastenzugehörigkeit eingeordnet ist. Vorausgesetzt, man erkennt die religiöse Verbindlichkeit der Hindu-Bibel (der heiligen Vedischen Schriften) an, so ist beinahe „alles möglich" und „alles erlaubt". Hochentwickelte wie primitive Religionsformen haben in diesem System nebeneinander Platz. Neben dem bildlosen Kult des Höchsten steht ein oft drastischer Bilderkult, selbst die religiöse Verehrung von Bäumen, Schlangen, bestimmter Steine ist immer noch zu finden. Viele Hindus vertrauen darauf, daß ein einziges Bad im heiligen Ganges alle Sünden mit einem Schlage tilgt; andere wiederum halten alle solche Kultformen letztlich für wertlos und erklären, daß nur höchste spirituelle Erkenntnis zum Göttlichen führen könne.

Die tiefsten Geister und schärfsten Denker Indiens haben in mehr als drei Jahrtausenden so höchstvergeistigte Lehren über den ewigen Urgrund alles Wirklichen entwickelt, daß sich der biblische Gott daneben (wenn es erlaubt ist, so zu sprechen) geradezu „handfest" ausnimmt. Um so ratloser steht der Mensch des Westens vor diesem ganz und gar verwirrenden Götterhimmel, unter dem ein Großteil der Inder heute noch lebt. Da wimmelt es von Göttern und Halbgöttern, von vergöttlichten Menschen und menschgewordenen Göttern. Wie ein Dschungel mutet es an, wuchernd und bizarr, in dem alles durcheinanderwächst und sich ineinander verschlingt.

„Es ist eine unbestreitbare Tatsache, daß viele Hindus – vor allem solche der niederen Kasten – die Götterbilder verehren, als seien dies Wesen mit menschlichen Eigenschaften, Schwächen und Leidenschaften. Man setzt den Götterbildern Speise und Trank vor, badet und kleidet sie, schmückt sie mit Juwelen und Blumenkränzen und bringt sie abends zu Bett – ja in einem Tempel ist es sogar üblich, daß die Göttin bei Einbruch der Dunkelheit in das Schlafgemach des Gottes gebracht wird, um mit ihm die Nacht zu verbringen. Und in einem andren Tempel passiert es, daß sich das Götterbild nach einem Bad erkältet und mehrere Wochen bis zur Genesung braucht.“[1]

Lehnt ein gebildeter Hindu solche Kulte und Riten für sich persönlich auch ab, so bedeutet das noch lange nicht, daß er sich darüber entrüstet, dagegen eifert. Er neigt eher dazu, sie wohlwollend zu dulden – lächelnd vielleicht. Was liegt daran, mag er denken, kann nicht jede religiöse Form, auch die naivste, vielleicht sogar die primitivste, Sprungbrett zu höheren religiösen Erfahrungen werden? Warum sollen die Glaubensformen nicht ebenso buntscheckig sein wie das Volk selbst? Diese Toleranz wurzelt nicht in einer Art von Gleichgültigkeit der Wahrheit gegenüber. Man kann fast sagen: Nichts steht dem Inder höher als die Wahrheit. Aber er sucht sie jenseits aller Glaubensunterschiede und -differenzen, sucht sie jenseits des Schleiers. Darum steht er aller Meinungsvielfalt im Vordergrund gelassener gegenüber.

„Wir sehen kleine Mädchen mit ihren Puppen“, sagt der Mystiker Ramakrishna. „Aber wie lange spielen sie damit? Nur solange sie nicht verheiratet sind ... Ähnlich braucht man auch Götterbilder und Symbole nur, solange Gott nicht in seiner wahren Gestalt erkannt wird. Gott selbst hat die verschiedenen Kultformen vorgesehen, um ... den verschiedenen Stufen geistigen Wachstums und Wissens zu entsprechen.“[2] Diese ungeheure religiöse Vielfalt müssen wir uns vor Augen halten, wenn wir über den *Guru* sprechen wollen. Ein extremes Vielerlei an Glaubensformen und religiösen Vorstellungen ist auch in den Lehren der *Meister* zu finden. Obwohl wir uns in diesem Kapitel auf Indien und den Hinduismus beschränken (der „Guru“ ist überall in Asien zu finden, auch über das ganze Verbreitungsgebiet des Buddhismus hin), bleibt es trotzdem völlig unmöglich, diesen hinduistisch-indischen Guru wie einen definierbaren Meister-Typ anzugehen. Werden wir dennoch etwas Charakteristisches entdecken, etwas, was es *so* in der Meister-

---

[1] Die großen Religionen der Welt, von der Redaktion „Life“, Übersetzung und Bearbeitung von Hans-Joachim Schoeps unter Mitarbeit von Fritz Bolle, Droemersche Verlagsanstalt Th. Knaur Nachf., München – Zürich 1959, S. 19.

[2] Ebd. S. 19.

Tradition anderer Religionen nicht gibt? Machen wir uns auf die Suche!

In dem autobiographischen Buch „Der Weg der großen Yogis" vergleicht Indira Devi den Guru mit einem Türhüter, der den Menschen direkt zu Gott führe. Wie ein Diener handle er nur nach dem Willen seines Herrn. Umgekehrt sei jeder, der in das Haus des Herrn eingelassen werden will, auf ihn angewiesen:

„Im spirituellen Leben begegnet man zwei Arten von Suchenden. Wenn der erste den Herrn des Hauses zu sehen wünscht, geht er zum Türhüter und bittet bescheiden, ob er ihn zum Herrn bringen möchte. Der Pförtner erklärt sich natürlich bereit, da dies seine Aufgabe ist. Wenn sie nun dahin gehen, mag der Mann hier und da stehenbleiben, um die Gärten und die Spazierwege zu bewundern. Doch sowie er dies tut, erinnert ihn der Pförtner: ‚Hier entlang bitte, wenn Sie den Herrn zu sehen wünschen. Später ist reichlich Zeit, die Gegend zu betrachten.' Und so führt er den Mann auf dem geradesten Wege zum Herrn. Daneben gibt es den Weg des Diebes. Er bittet niemanden, sondern klettert hinten über einen Zaun. Dabei hat er keine Ahnung, wo der Herr ist. Er muß hier und dort schauen und verbringt eine Menge Zeit bei der Suche. Er hat Angst vor dem Wächter und den Hunden des Herrn und klettert deshalb durchs Fenster. Er flüchtet sich in Hinterzimmer und rennt wieder heraus in der Hoffnung, daß niemand die paar Bananen entdeckt, die er aus dem Garten entwendet hat. Schließlich beginnt er sich sogar vor dem Herrn zu verstecken. In dem Augenblick erkennt er, daß er ihn letztlich gar nicht sehen wollte, und geht mit der unredlichen Tagesbeute davon."[3]

Wer könnte ein so schlichtes Gleichnis nicht verstehen? Aber man hüte sich und meine nicht gar zu schnell, man habe schon erfaßt, worum es geht. Alle diese Geschichten, Erzählungen, Gleichnisse, von denen es in der indischen Meister-Überlieferung nur so wimmelt, sind ähnlich „mit Vorsicht zu genießen"

---

[3] Dilip Kumar Roy – Indira Devi, Der Weg der großen Yogis – Autobiographie, Otto-Wilhelm-Barth-Verlag, Bern – München 1973, S. 272.

wie das Spruch- und Erzählgut in den spirituellen Traditionen anderer Religionen. So harmlos, wie sie klingt, ist die kleine Geschichte vom Türhüter gar nicht. Zwar: wer der „Herr des Hauses" ist, ist nicht schwer zu erraten. Aber was für eine Art *Haus* ist es, in das der „Dieb" unbefugt eindringt, der Bescheidene dagegen sich vom Türhüter einführen läßt? „Du selbst bist das ‚Haus'! In *dir* wohnt ‚der Herr des Hauses'!" So würde im Klartext die Auskunft lauten. Es geht nicht um einen Weg nach *außen* oder nach *oben,* sondern um den Weg nach *innen.* Ins eigene Selbst!

Aber bin denn nicht *ich* der Herr meiner selbst? Darf ich meine eigene Innenwelt nicht erobern, wenn es mich danach gelüstet? Wie kann man mich einen Dieb schelten, wenn ich *mich selbst* bis zu den letzten Schlupfwinkeln durchforschen will? Und schon hat uns die scheinbar allereinfachste Geschichte mitten hinein in das *Rätsel Mensch* katapultiert.

Alle Mystiker wissen, was der christliche Mathematiker und Philosoph Pascal auf die Formel gebracht hat: Der Mensch übersteigt den Menschen um ein unendliches! Um ein unendliches! Das bedeutet: der Mensch ist in der Tiefe seines Wesens unergründbar, unfaßbar. Sollte je einer meinen, nunmehr habe er den Menschen völlig erforscht und verstanden (ihn etwa psychologisch bis zum letzten enträtselt) – wäre er immer erst bis zum äußersten Saum jenes geheimnisvollen Wesens gelangt, das sich jedem Zu-griff entzieht. Man stünde immer noch außerhalb der Tür jenes Hauses, in dem der „Herr" wohnt.

Aber würde das nicht bedeuten, daß das innerste Selbst des Menschen mit Gott *identisch* wäre? Das ist die letzte und schwierigste Frage, mit der indische Denker und indische Weise seit mehr als drei Jahrtausenden ringen – die Frage nämlich, ob da letztlich eine *Zweiheit* ist (und damit „ich und du", ein „Gegenüber" von Gott und Mensch) oder ob allerletztlich nur *Eines* ist, Alleinheit. Das ist ein Problem, das wir hier völlig ausklammern müssen, zumal die erste wie die zweite Lösung in der indischen Tradition ihre Befürworter gefunden hat und *Dualisten* und *Monisten* sich bis zum heutigen Tag gegenüberstehen. Uns mag genügen, daß *beide* letztlich darin übereinstimmen, daß der innerste Kern des Selbst (ja aller Wesen und Dinge) etwas *Göttliches* ist, daß also – mit unserem kleinen Gleichnis gesagt – *Gott* der „Herr des Hauses“ ist!

Wie schließlich auch die Buddhisten von der Buddha-Natur aller Menschen und Wesen sprechen! Oder wie auch der Christ von Gottes Einwohnung im Menschen überzeugt ist! Auch nach christlichen Mystikern führt der Weg zum Göttlichen nicht nur nach „oben“, sondern auch nach innen, bis zum allerinnersten Gemach der „Seelenburg“, wo Gott wohnt – ER, der „mehr ich ist als ich selbst“, wie die heilige Teresa von Ávila immer wieder voller Entzücken betont. Wenn aber *Gott* „der Herr des Hauses“ ist – warum ist dann der Weg nach innen so gefährlich, voller Fallstricke, Fallgruben? Merkwürdige Vorstellung: Um zu meinem ureigenen Selbst zu kommen, muß ein anderer als Türhüter mich einlassen? Um den Weg in mein eigenes Inneres zu finden und zu gehen, sollte ich eines Führers bedürfen? Kann der Weg zum Zentrum meiner selbst so langwierig sein, daß ein solcher Aufwand sich lohnt? Ja, vielleicht ist er sogar weiter als bis zu den Sternen – die ganze physikalische Welt transzendierend, einer meta-physischen Dimension zugehörig! Wohin man *da* kommt, *der Bereich* beginnt nicht unmittelbar an der Grenze unserer Erfahrungswelt. Vieles kann dem Menschen widerfahren, wenn er zu seiner wirklichen Innenwelt vorstößt: statt Erleuchtung Täuschung, statt Visionen Illusionen, statt Ekstase Wahn, statt Göttlichem Dämonisches!

Ramakrishna, der geborene Visionär, Ekstatiker, Mystiker – den viele für den größten indischen Heiligen des 19. Jahrhunderts halten –, war jahrelang ohne Führer auf seinem Weg. Er war kein Eindringling, der wie ein Dieb den Türhüter umschlichen hätte. Als Priester im Heiligtum der Göttin Kali, war es seine Aufgabe, den Tempelkult zu vollziehen. Aber was äußerlicher Ritus hätte bleiben können, wandelte sich ihm zu einem dramatischen mystischen Geschehen. Es hätte ihn beinahe das Leben, beinahe den Verstand gekostet. Die Ekstasen verschlangen ihn, und niemand war da, der ihm gezeigt hätte, wie man mit ihnen umgehen muß. „Wie ein blinder, führerloser Vagabund ging er dahin (so Romain Rolland in seiner Ramakrishna-Biographie). Statt auf der Straße zu bleiben, brach er seitwärts in die dornigen Büsche der Hecke, taumelte in Gräben. Glaubt ja nicht, er sei hoffärtig, verstockt gewesen! Ein Mensch voll Kindlichkeit. Behauptet jemand, sein Zustand sei krankhaft? Dann braucht er ihm nur das Heilmittel zu nennen. Er weigert sich nicht zu genesen. Die Legion der Götter dringt als Orkan auf ihn ein. Er wird zwischen ihnen zerrissen, sieht dämonische Wesen aus seinem Leib hervorbrechen. Er selber tut nichts dazu, er betrachtet bloß das Tun und Treiben der Welt, die aus ihm hervorbricht. Grauen fesselt ihm die Glieder. Endlich kam Hilfe. Bis dahin war er als einsamer, ungelernter Schwimmer in jenem wirbelnd tosenden, uferlosen Strome der Seele dahingetrieben. Seine Kräfte waren aufgebraucht. Er war am Erliegen. Da kamen ihm zwei Helfer, hielten ihm den Kopf über Wasser und lehrten ihn, die Strömungen auszunützen und den Fluß mit kluger Berechnung zu überschwimmen."[4]

Zwei Gurus betreten die Bühne des dramatischen Geschehens. Freilich nicht gleichzeitig – das wäre auf der ganzen Welt absurd. Nirgendwo kann ein Schüler zur gleichen Zeit *zwei* Meister haben. In Indien kommt sogar das Verhältnis Schüler – Meister fast einer unauflöslichen Ehe gleich. Sich von seinem Meister zu trennen, um sich einem anderen anzuschließen, ist spirituell fast so etwas wie eine Ehescheidung. Mit anderen Worten: der Schüler sollte nicht einmal zwei Meister hintereinander haben! Das ist sozusagen der einzige unumstößliche „Monotheismus" (wie man im Scherz gesagt hat), den *ganz* Indien anerkennt.

Dennoch wurde dem jungen Ramakrishna zunächst eine weibliche Geleiterin und dann ein anderer Meister an die Seite gegeben. Wie in einem Akt besonderer göttlicher Fürsorge! Ramakrishna bedurfte nur relativ kurze Zeit der Hilfe – und er brauchte sie von ganz verschiedenen Seiten. Das hängt mit seiner außergewöhnlichen mystischen Genialität zusammen. Zwar war auch er in einer bestimmten Phase seines inneren

[4] Romain Rolland, Des Leben des Ramakrishna, Rotapfelverlag, Erlenbach – Zürich – Leipzig 1929, S. 45ff (gekürzt).

Werdegangs wie jeder andere Chela (Schüler) auf Wegweisung angewiesen, auf Weichenstellung, Kurskorrektur; aber kaum war ihm diese Hilfe zuteil geworden, da war er schon wie in einem Nu über seinen Guru hinausgeschnellt – viel weiter, als jener je kommen würde.

Der Guru in weiblicher Gestalt mag für den Menschen des Westens eine verblüffende Vorstellung sein; aber in Indien ist die Meisterin keine ungewöhnliche Erscheinung. Man denke nur an die Rolle der „Mutter" im Sri-Aurobindo-Ashram Pondichéry. Zu Ramakrishna kommt zuerst die Frau (und auf die Begegnung und Schülerbeziehung zu ihr werden wir uns beschränken): eine hochgebildete Brahmanin, großgewachsen, im rotgelben Gewand der Asketin, vielleicht 35 bis 40 Jahre alt. Sie war also damals nicht allzuviel älter als der zweiundzwanzigjährige Priester der Göttin Kali. Die Pilgerin war ihm aufgefallen, als sie in den Tempel kam; er bat sie zu sich. Als sie ihn sah, stutzte sie, brach in Tränen aus – und sie, die ihn nie zuvor gesehen hatte, sagte zu ihm: „Mein Sohn, ich habe dich schon lange gesucht."

Das ist ein typischer Zug am Verhältnis zwischen Guru und Schüler – in vielen indischen Meister-Erzählungen kehrt das Motiv wieder. Wenn die Leute im Westen früher zu sagen pflegten: „Ehen werden im Himmel geschlossen", dann gilt das nach indischer Überzeugung erst recht für das Band, das den Guru mit seinem Chela verknüpft. Ramakrishna wird später seinen eigenen Schülern sagen: „Ich habe euch alle mitgebracht in diese Welt."

Dennoch legt indische Tradition höchsten Wert auf freie Wahl und überlegte Entscheidung, damit die Bindung zwischen Meister und Schüler Rechtens sei. Nachdrücklich wird der zur Schülerschaft Bereite und Entschlossene ermahnt und gewarnt, sich nur ja nicht leichtfertig irgendeinem Führer anzuvertrauen: er muß genau prüfen, ob er es wagen kann, sein ganzes inneres Schicksal in die Hände gerade dieses Guru zu legen. Noch schwerer lastet die Verantwortung auf dem Meister. Als der Ältere, als der Weise und Erfahrene hat vor allem *er* abzuschätzen, ob der Anwärter jene körperlichen, seelischen, geistigen

Kräfte und Begabungen für gerade *den* Weg mitbringt, den er als Guru seine Schüler führt. Dennoch: oberhalb dieses ganzen Geflechts von scheinbar zufälligen Wegkreuzungen und Begegnungen, oberhalb auch noch von allen noch so „frei" gefällten Entscheidungen walten Kräfte höherer Art. Fügende – führende! Es ist eben beides gleichzeitig wahr, wie bei einer Hochzeit, bei der sich Mann und Frau ebenfalls bewußt und frei füreinander entscheiden und doch überzeugt sein können, daß ihr Bund letztlich woandersher kommt.

Die „Brahmanische Nonne" (ihren Namen hat die Meisterin nie genannt) erklärte diesem von Gott Verzauberten, von all seinen Ekstasen aber geradezu zerrütteten jungen Mann, sie sei mit einer Botschaft zu ihm gesandt worden. Sie sah sofort, wie weit Ramakrishna auf dem mystischen Wege bereits fortgeschritten war – aber aus blindem Antrieb, ohne daß er die Krümmungen und Gefahrenpunkte seines Pfades kannte. Sie selbst war völlig vertraut mit den uralten Anweisungen für eine solche seelische Pilgerfahrt – „von der Startlinie bis zur Zielschnur", wie Romain Rolland sagt; sie kannte sich aus in den Besonderheiten eines solchen Weges mit all seinen strapaziösen Steigungen und lebensgefährlichen Gefällen; sie wußte, daß in der spirituellen Tradition der Meister sogar die einzelnen Tagesleistungen bis ins einzelne vorherbestimmt und weise eingeteilt waren. Die Wege, die der junge Mystiker bisher wie mit verbundenen Augen durcheilt hatte, ließ sie ihn nun noch einmal gehen, offenen Blicks, im hellen Tageslicht, genauestens aufgeklärt, was er jeweils zu tun habe und was ihm dabei widerfahren könne. So lernte Ramakrishna, diese ganze Kette von mystischen Erlebnissen, die ihn bisher einfach überstürzt hatten, zu durchschauen und zu verstehen. Seine Lehrerin ließ ihn den Zusammenhang seiner eigenen Erfahrungen mit dem *Bhakti-Yoga* erkennen.

Was ist Bhakti-Yoga? Yoga erschöpft sich nicht darin, wie immer noch viele Leute im Westen meinen, daß der Übende bestimmte (zum Teil äußerst extreme) Körperhaltungen einnimmt und gewisse Atemtechniken beherrschen lernt. Yoga bedeutet „Anjochung", Vereinigung mit dem Höchsten Wesen (die indogermanische Sprachverwandtschaft mit dem deutschen Wort „Joch" und dem lateinischen jugum ist auch für den Ungeübten leicht herauszuhören). Indische Weisheit hat eine verwirrende Vielzahl von Methoden entwickelt, wie das individuelle Ich mit „Brahman", der allumfassenden, alles durchdringenden „Weltseele" (dem Höchsten Wesen), vereinigt werden kann. Sie lassen sich unter drei Grundtypen einordnen. *Drei* Wege führen zur Erfahrung des Göttlichen: erstens der Weg der Erkenntnis (Jnana-Yoga), zweitens der Weg des Tuns der Tat, ohne auf Verdienst und Lohn zu schauen (Karma-Yoga), und schließlich drittens der Weg des Bhakti-Yoga. Im Bhakti-Yoga ist Liebe der Heilsweg: ein mystischer Weg, der durch Liebe, Hingabe zur Verschmelzung mit Gott führt.

Bhakti-Yoga ist eine hervorragende Methode der Anjochung, so wie eben *Liebe* das höchste Medium der Religion ist[5]. An-jochung und re-ligio haben ja auch letztlich dasselbe Ziel: Wiederherstellung der Verbindung mit dem Göttlichen. So ist es nicht weiter verwunderlich, wenn nicht selten Hindu-Heilige oder auch buddhistische Weise im Yoga nicht einen ausschließlich östlichen, sondern einen allmenschheitlichen Weg sehen. Gewiß: im Osten hat man den Yoga mit äußerster Konsequenz und geradezu wissenschaftlicher Akribie immer weiter ausgebaut, verfeinert, analysiert und systematisiert, so daß es im Hinblick auf die Methodik keine westliche Entsprechung zum Yoga gibt. Die Sache selbst aber – so kann man auch in Indien hören – gibt es überall in der Welt, auch bei christlichen Völkern. Ja, die großen Heiligen des Abendlandes werden von den Hindus als große Yogis anerkannt – sei es, daß sie als Repräsentanten einer christlichen Art von Jnana-Yoga gelten, von Karma-Yoga oder eben von Bhakti-Yoga. Als Paradebeispiel wird immer wieder die Gestalt des heiligen Franz von Assisi beschworen: er sei schlechthin der Prototyp eines Bhakti-Yogi –

---

[5] In der Reihe „Texte zum Nachdenken" der Herderbücherei ist ein Bändchen mit Bhakti-Texten erschienen: Krishnas Flöte – Religiöse Liebeslyrik aus Indien, gesammelt, übersetzt und eingeleitet von Martin Kämpchen, Verlag Herder, Freiburg i. Br. 1979.

ein Heiliger also, der *Wesensvollendung* („Selbstverwirklichung") durch Herzenshingabe erlangt habe.

Der Bhakti-Weg geht von der Emotionalität des Menschen aus. Nicht als ob etwa Erkenntnistrieb oder Tatendrang nicht miteinbezogen würde! Die verschiedenen Yoga-Formen sind nur durch ihre unterschiedlichen Ansatzpunkte bestimmt. Die Frage ist jeweils, wo bei einem bestimmten Menschen, bei welcher seiner Wesenskräfte, der Hebel am wirksamsten anzusetzen ist, wo das ichzentrierte, ungeläuterte Menschenwesen aus der trägen Statik der in sich selbst beharrenden Natur herausgehoben und ein gesamtmenschlicher Läuterungs- und Wandlungsprozeß eingeleitet werden soll.

Für den Bhakti-Yoga ist wesentlich, daß sein Hauptexerzierfeld die emotionale Wesensschicht des Menschen ist. Das ist nicht so zu verstehen, als mache hier die Stärke des Gefühls schon die „Größe" des Yogi aus. Es kann einer von Gefühlen (auch religiösen Gefühlen) überfließen und doch aus der Vorschule des Yoga noch nicht heraus sein. Entscheidend ist vielmehr die Ausrichtung auf ein Ziel, die Zentrierung des gesamten Gefühlslebens auf einen alles beherrschenden Mittelpunkt – auf „Gott", wie der Bhakti-Yogi in durchaus personaler Redeweise zu sagen pflegt. Und gerade diese Zusammenfassung aller Gefühlskräfte auf ein einziges Zentrum hin ist es, die einen stark emotional bestimmten Menschen am ehesten zu seiner Wesensvollendung bringen wird.

Das war denn auch der Weg, den Ramakrishna instinktiv eingeschlagen hatte, ja auf dem er dahinstürmte, besinnungslos, jeden Augenblick in Gefahr abzustürzen (in den Wahnsinn oder in den Tod). Eine Raserei der Liebe hatte ihn erfaßt – der Liebe zu jener Göttin, in deren Tempel er diente. In seinen Ekstasen spielte das Bild dieser Göttin eine geradezu verwirrende Rolle. Belebte es sich nicht vor seinen Augen? Die Brahmanische Nonne ließ Ramakrishna erkennen, daß diese merkwürdigen Erlebnisse einen sinnvollen Stellenwert innerhalb seines geistlichen Werdeprozesses haben könnten. Der Bhakta, der durch Liebeshingabe zur Vollendung kommt, ist als Anfänger darauf angewiesen, den unbegreiflichen Gott in einer bestimmten greifbaren Form zu verehren, die ihn so spontan anspricht, daß sie ihn völlig „gefangennimmt". So hatte sich Ramakrishna in die Göttin Kali „verliebt". Aber je mehr sie ihm „mein ein und alles" wird, desto mehr wird sie ihm zu *allem!* Sie hört auf, nur eine „Göttergestalt" zu sein – sie wird immer durchsichtiger auf das *eine* (allumfassende, ungreifbare und unbegreifbare, namenlose und unnennbare) *Göttliche* hin.

Ja der Bhakti-Weg (der Weg der Gottesliebe) muß nicht einmal notwendig bei einer konkreten Gottesgestalt beginnen. Wenn ich nur überhaupt etwas *so liebe*, daß es „mein ein und alles" wird, kann der große Durchbruch an diesem Punkt geschehen.

Später wird Ramakrishna, nun selbst einer der bedeutendsten Gurus seiner Zeit, den eigenen Schülern folgende Beispielgeschichte erzählen:

„Ein Mann bat demütig einen Sadhu, einen Asketen, um Unterweisung. Dieser gab ihm den Rat: ‚Liebe Gott mit deinem Herzen und mit ganzer Seele.' Der aber antwortete: ‚Ich habe Gott niemals gesehen und weiß nichts von ihm. Wie kann ich ihn dann lieben?' Der Heilige fragte, wen er denn am meisten liebe, und bekam zur Antwort: ‚Ich habe niemanden, für den ich sorgen muß. Das einzige Geschöpf, das ich liebe, ist mein Schaf.' Der Sadhu sagte darauf: ‚Dann pflege eben dieses Tier, und liebe es von ganzem Herzen und mit deiner ganzen Seele, und denke immer daran, daß der Herr in ihm wohnt.' Der Mann pflegte nun sein Schaf mit liebevoller Sorgfalt im tiefen Glauben, daß der Herr in diesem Geschöpf lebe. Nach langer Zeit kam der Sadhu auf seinem Rückweg bei ihm vorbei und fragte, wie es ihm gehe. ‚Meister', war seine Antwort, ‚dank deinem freundlichen Rat sehr gut! Viel Gutes ist mir widerfahren, seit ich dem von dir mir gewiesenen Weg folge. Zuweilen sehe ich mein Schaf wie eine wunderbare Gestalt mit vielen Händen (wie ein Gottesbildnis also) – und das ist höchste Glückseligkeit.'"[6]

---

[6] Ramakrishna, Leben und Gleichnis, Auswahl und Übersetzung von Ursula von Mangoldt, Otto-Wilhelm-Barth-Verlag, erweiterte Neuausgabe Scherz-Verlag, Bern – München – Wien 1975, S. 97f.

Das ist die Zaubermacht der Liebe. Der Blick dringt durch die äußere Erscheinung durch bis zum allerinnersten Kern: ein Leuchtendes – ein Strahlendes – ein Überirdisches Licht. Streite man hier nicht über Theismus, Pantheismus oder ähnliche Parolen und Gegenparolen. Was geht das den Mann mit seinem Schaf an? Er liebt – und erfährt. Er liebt – und er *sieht!*

Auch nach christlicher Tradition gibt es *zwei* Bücher, die Gott offen-baren: das Buch der heiligen Schriften und das Buch der Schöpfung. Freilich, um zu „sehen", muß man bis zum Kern der Dinge vordringen: entweder durch erleuchtende Erkenntnis – oder eben durch *Liebe* aus ganzem Herzen, ganzer Seele und aus allen Kräften. Der erste Weg, der des Jnana-Yoga, ist der Weg strenger Entsagung, kompromißloser Askese. Hier gilt: Weg mit allem, was den Blick trübt; weg mit allem dunkel Selbstischen, trüb Begehrenden! Verzichte auf alles, verlasse alles, was sich störend zwischen dich und die Wahrheit schieben kann! Wie nur je ein christlicher Wüstenvater gehen solche Asketen in Indien auch heute noch in die Einsamkeit, in die Einöde, in die Hauslosigkeit – von allem entblößt, buchstäblich nackt. Dennoch ist das nicht der einzig mögliche Weg. Das lehrt der Bhakti-Yoga. Das zeigen die Bhakti-Heiligen, wie Ramakrishna einer gewesen ist.

Von ihm ist überliefert: „War ein Frommer ungewöhnlich stark an einen Angehörigen gebunden und deshalb unfähig, sein Inneres zu festigen, lehrte ihn der Meister, den Gegenstand seiner Liebe als Bild Gottes zu betrachten und ihm in solcher Gesinnung zu dienen. Ein wahrhaft Liebender sieht Gott wie seinen nächsten und liebsten Verwandten, genauso wie die Hirtenfrauen, die gopis von Vrindaban, *Krishna* (den menschgewordenen Gott) nicht als Herrn des Universums sahen, sondern als ihren eigenen geliebten Gopinath, den Herrn der gopis."[7]

Denken wir nicht, das sei nur eine besonders kindliche, wenn nicht gar naive Art der Gotteserfahrung. Die islamischen Mystiker, die Sufis, zählen solche *familiaritas* mit Gott unter den Kennzeichen der höchsten mystischen Stufe auf. Eine geradezu

---

[7] Ebd. S. 98.

familiäre Vertrautheit mit Gott! Unzählige Geschichten aus dem Leben der Heiligen, auch der christlichen, bekommen von daher ein ganz neues Licht. Wie die von jener steinernen Tischplatte etwa, die man heute noch auf dem Alverner Berg zeigt, auf der Christus gesessen haben soll, wenn er mit Franz, dem kleinen Armen von Assisi, Zwiesprache hielt. Oder denken wir an die Visionen der heiligen Teresa von Ávila, in denen Christus mit ihr und sie mit Christus redete, „wie ein Mensch mit seinem Freund redet“ (wie es in der Bibel von Mose heißt). „Gottesfreunde“ nannten sich auch die spätmittelalterlichen Mystiker im Elsaß, am Oberrhein. Was der kritische Erforscher alter Heiligenüberlieferungen von vornherein als „volkstümliche Legende“ abtun möchte, weil es seinen Vorstellungen von der hehren Gotteserfahrung der Heiligen nicht entspricht, gerade das mag also den Stempel des Authentischen tragen.

Familiäre Vertrautheit mit Gott – auf diese Formel könnte man letztlich wohl auch bringen, was das Volk und vor allem der Schüler beim Guru und durch den Guru suchen. Menschen aus dem Westen registrieren meist verwirrt, wenn nicht gar empört, unter welchen Formen die Verehrung eines Guru sich abspielen kann. Ist das nicht fast schon Anbetung, so fragen sie, wird hier nicht ein Mensch vergöttert? Sprechen sie diesen Argwohn einem Inder gegenüber aus, so ist der gar nicht beleidigt. Für ihn ist der Guru wirklich eine Art „Gott“ – vorausgesetzt natürlich, er ist ein wahrer Guru, einer der großen Weisen, ein „Heiliger“. Was ist an solcher Verehrung verwunderlich oder gar anstößig, so fragt man in Indien, ist nicht in jedem Menschen, wenn auch unter noch so dicken Schalen und Krusten, ein allerinnerster göttlicher Kern? Beim Heiligen sind die Umhüllungen gesprengt, das Innerste hat den ganzen Menschen bis zum Äußersten durchflutet – sein ganzes Fühlen, Wollen, Denken, Tun verwandelt: es leuchtet aus ihm heraus, aus seiner vergeistigten Gestalt, seinem verklärten Gesicht. Der menschgewordene Gott! Wahrhaftig eine „Inkarnation Gottes“!

Tatsächlich hat der Guru für die Menschen Asiens in mannigfacher Beziehung eine Art „Christus“-Funktion: es ist, als würde dem erdverhafteten Menschen durch den Guru der Himmel nah, offen, als wäre er Unterpfand und Siegel dafür, daß das Göttliche nicht einem fernen Jenseits zugehört, sondern mitten in der Welt gegenwärtig werden kann – hörbar, anschaubar, betastbar. Und so strömen die Menschen denn von nah und fern herbei, wenn es ruchbar wird, daß da ein Heiliger sei; wie verzückt umlagern sie ihn bei seinem „darshan", wenn er sich unter ihnen zeigt.

„Darshan" heißt wörtlich „anschauen"; der Guru gewährt seinen Schülern und Verehrern „darshan": eine Möglichkeit schweigender Kommunikation mit ihm, bei der nicht gesprochen wird, niemand fragt, keiner Belehrung heischt. Es geht um die schweigende Anteilnahme an der sichtbaren Gegenwart des Meisters, wie Lama Anagarika Govinda sagt – „ohne die Notwendigkeit irgendwelcher Konversation, die von der Unmittelbarkeit des ersten Eindrucks" ablenkt. Govinda hat den „darshan" des großen südindischen Heiligen Ramana Maharshi geschildert, „zu dem Tausende von Menschen aus allen Teilen Indiens und der Welt gepilgert kamen, um schweigend in seiner Gegenwart sitzen zu dürfen; denn die bloße sichtbare Gegenwart eines Heiligen ist segensreich und ein tieferer Gewinn als die gelehrte Diskussion oder eine wortreiche Predigt. Viele, die mit besonderen Fragen zum Guru kamen, fanden, daß ihre Probleme in der Gegenwart des Maharshi gegenstandslos geworden waren ..."[8]

In dieser Neigung zu vorbehaltloser Verehrung lauern natürlich auch Gefahren. Wie schon das Sprichwort sagt: Vom Erhabenen zum Lächerlichen ist nur ein Schritt. Und diese Grenze wird um so leichter überschritten, je mehr der Guru-Kult sich in einer Welt ausbreitet, die aus anderen geistigen Wurzeln stammt als die östliche und die sich darum in den Kriterien nicht auskennt, nach denen der wahre Guru vom falschen zu unterscheiden ist. Seit Jahren und Jahrzehnten wird der Westen von höchst merkwürdigen Gestalten heimgesucht und weiß nicht, ob man es mit einem Guru oder einem Scharlatan zu tun

[8] Lama Anagarika Govinda, Der Weg der Weißen Wolken, Rascher-Verlag, Zürich – Stuttgart 1969, S. 35.

hat. Aber auch in Indien sind die wahren Gurus, die großen Meister, wohl nicht weniger selten als im Westen die großen Heiligen. Ein Inder, der selbst das Glück gehabt hat, einen authentischen Meister zu finden, vergleicht die Suche nach einem wahren Guru mit der Suche nach der Nadel im Heuhaufen. Wenn man einen Guru von wirklich hohem Rang finden wolle, dann sei Indien, das Land der Gurus, ein armes Land.

„Die große Mehrheit besteht aus Schwindlern und aus Scharlatanen, die ihr leichtgläubiges Publikum schamlos täuschen, unterstützt durch einen Klüngel von Chelas oder Jüngern, deren einzige Aufgabe es ist, den Ruhm ihres Herrn und Meisters lautstark zu verkünden und ihn vor den allzu neugierigen Blicken der Öffentlichkeit abzuschirmen. So tief sind also einst erhabene, heilige und verehrungswürdige Institutionen gesunken. Es gibt heute nur noch ganz wenige hochstehende Persönlichkeiten, die trotz der allgemeinen Korruption und des Absinkens aller Maßstäbe ein Leben der Zucht und des Gebetes leben im Dienst der Menschheit." – „Diese Dinge sind alle etwas verwirrend, vor allem auch für den Ausländer, der Indien zum erstenmal besucht. Gewöhnlich hat er unsere Literatur gelesen und kommt mit einer ausgesprochenen Hochachtung vor der Institution des Gurus in dieses Land. Es verwirrt dann, wenn man feststellen muß, wie groß die Zahl derer ist, die hierzulande den Anspruch erheben, internationale Gurus oder Leiter von ‚Maths', von Organisationen, von Kultgemeinschaften, von Sekten, ja Yogalehrer zu sein, die keineswegs immer im göttlichen Auftrag, sehr wohl aber mit selbstherrlichem Machtanspruch auftreten. Die Verwirrung ist vollkommen, wenn sogar die Schüler dieser sogenannten Gurus als kleinere Gurus herumlaufen. Andererseits kann diese Verwirrung des ausländischen Besuchers nicht überraschen, wenn man weiß, daß nur ein minimaler Anteil der Inder selbst zu wissen scheint, über welche Fähigkeiten ein Mensch wirklich verfügen muß, um ein Guru sein zu können."[9]

---

[9] P. Rajagopalachari, Der Meister – Shri Ram Chandra, Sein Leben und sein Weg der natürlichen Meditation, Otto-Wilhelm-Barth-Verlag und Scherz-Verlag, Bern – München – Wien, für Otto-Wilhelm-Barth-Verlag 1977, S. 142, 143.

Vielleicht aber auch sollte der Mensch des Westens nicht nur nach den Kriterien forschen, nach denen ein Inder das spirituelle Niveau eines „Guru“ beurteilen müßte. Ihm selbst sind ja auch gewisse Kriterien gleichsam eingeboren; selbst wenn er bewußtseinsmäßig nicht mehr christlich denkt, trägt er doch unbewußt immer noch das christliche Erbe mit seinen Wertmaßstäben in sich. Von daher hat er ein gewisses Gefühl, wonach der Rang eines Heiligen sich bemißt. Und nach christlichem „Empfinden“ macht der geringste Anflug von Hochmut, von Überheblichkeit selbst den höchsten geistig-geistlichen Rang zunichte. Statt einer Art von „Christus“-Funktion würde der Guru dann eher die Funktion eines Antichrists haben. Ein gefallener Engel! Ein Luzifer!

Ein Guru freilich, der von Gottes Herrlichkeit und Größe etwas gekostet hat wie der wirkliche Mystiker Ramakrishna, ist durch die Demut des Geschöpfes gegen solcherlei Anwandlungen von Hochmut gefeit. Vor seinem Tode sagte er zu seinen Schülern:

„Warum ich euch alles offenbare, was ich weiß? Weil ich euch mit mir gebracht habe. Kein Lehrer kommt ohne seinen eigenen Kreis Getreuer auf die Erde. Sie verstehen ihn, vermitteln seine Lehre der Welt. Ich offenbare euch alles, damit ihr ohne jede Geheimnistuerei und Zauberei die Einfachheit der Wahrheit verkünden könnt. Ihr und ich, wir kamen auf die Erde als eine Gruppe fahrender Sänger. Fahrende Sänger singen vor der Tür eines jeden Hauses, dann ziehen sie weiter. Keiner will ihren Namen wissen. Wir haben an den Pforten der Erde gesungen. Und gehen wir fort, wird keiner unseren verborgenen Namen kennen.“[10]

---

[10] Ramakrishna, a.a.O. S. 32.

Martin Kämpchen

Ein Lehrbeispiel zum Thema „Guru“: Bhagawan Rajnisch in Poona

Vorbemerkung der Autoren:
Bei der Arbeit am Kapitel über den Guru wurden wir uns zunehmend der Schwierigkeiten bewußt, die Kriterien zu erfassen, nach denen man den authentischen Guru erkennen kann. Es geht ja nicht einfach nur darum, einen Scharlatan vom Meister zu unterscheiden. Manch einer, der als Guru verehrt wird, ist tatsächlich eine ungewöhnliche, faszinierende, machtvolle Persönlichkeit: seine Anhänger sind tief beeindruckt, ändern in seiner Gefolgschaft ihr Leben, sagen ihrem bisherigen materialistischen Lebensstil ab, lernen die geistigen Freuden eines meditativen Lebens kennen – und werden dennoch durch ihren Guru nicht zu einer höheren spirituellen Stufe im religiösen wie ethischen Sinn geführt. Das aber wäre zweifellos die Aufgabe eines authentischen Guru im Sinne der besten Hindu-Überlieferungen. Der wahre Guru hat die innere Signatur eines „Heiligen“. Dennoch konnten wir die Kriterien, an denen ein „heiliger Guru“ zu erkennen sei, nicht der eigenen (christlichen) Tradition entnehmen; diese müßten vielmehr in der indischen Spiritualität selbst aufgespürt werden.

Wir baten darum Martin Kämpchen, uns etwas zu diesen Kriterien zu schreiben; er hat selbst mehrere Jahre in einem indischen Ashram zugebracht, lebt seit mehr als sieben Jahren in Indien und hat sich – als Christ aus dem Westen, der er war und ist – tief im indischen Denken und in der Frömmigkeit der Hindus verwurzelt. In den „Texten zum Nachdenken“ (Herderbücherei) stammen die beiden Bändchen „Krishnas Flöte“ und „Die heiligen Wasser – Psalmenmeditationen aus Indien“ aus seiner Feder.

Auf unsere Bitte hin hat M. Kämpchen das Problem „Guru“ an einer konkreten Gestalt verdeutlicht: an Bhagawan Rajnisch in Poona. Das gibt seinem Beitrag eine besondere Aktualität. Von keinem Guru ist bei uns derzeit so viel die Rede wie von Rajnisch. Sein Ashram in Poona (etwa 200 km südöstlich von Bombay) gilt als größtes Meditations- und Therapiezentrum Indiens. Tausende von Amerikanern und an die siebentausend Deutsche sollen zur Zeit jährlich nach Poona reisen. Aber auch im Westen, vor allem in der Bundesrepublik, breitet sich die Bhagawan-Bewegung aus und kristallisiert sich in den verschiedensten westdeutschen Großstädten in entsprechenden Meditations- und Therapiezentren. In den Kinos ist der Film „Ashram in Poona“ zu sehen; Zeitungen, Illustrierte, Rundfunk- und Fernsehsendungen gehen dem neuen Phänomen nach. Auf dem deutschen Buchmarkt erscheinen immer weitere Übersetzungen der Bücher von Guru Rajnisch (er soll an die hundert geschrieben haben). Man muß nicht einmal nach Poona reisen, um vom Meister ins Jüngerverhältnis aufgenommen zu werden: es gibt eine Art Ferneinweihung – nach außen besiegelt durch orangenfarbene Kleidung und die Halskette mit dem Medaillon des Guru.

Die folgende Skizze setzt sich nicht im einzelnen mit den Praktiken im Ashram zu Poona auseinander; wer sich über die dortigen Methoden zu informieren wünscht, möge das Buch des ehemaligen STERN-Reporters Jörg Andrees Elten, nunmehr Swami Satyananda, lesen („Ganz entspannt im Hier und Jetzt – Tagebuch über mein Leben mit Bhagawan in Poona", Rowohlt-Verlag, Hamburg 1979), in dem mit aller nur wünschenswerten Offenherzigkeit über das Leben in Poona, über die Methoden der dortigen Therapien berichtet wird.

M. Kämpchen urteilt über den Stil dieser Art von Menschenführung von den altüberlieferten Kriterien indischer Spiritualität her.

Die jungen Menschen auf den Flughäfen in Bombay und Delhi, die sich durch ihre orangenfarbenen Trägerhosen und die großen, berühmt gewordenen Rajnisch-Medaillons um den Hals als Anhänger dieses „Guru" zu erkennen geben, haben mich oft erschreckt. Ihre Gesichter sehen meist so verbraucht, unglücklich, von den tausend Verführungen der westlichen Gesellschaft ausgelaugt, aus. Viele junge und nicht mehr junge Paare sitzen und warten auf Flugzeuge, sogar ganze Familien, alle, auch die Kleinkinder, mit derselben orangenfarbenen „Uniform" bekleidet. Sie tragen dicke Perlenschnüre um den Hals, ihre Kleidung ist eine Mischung aus traditionellem indischem Stil und europäischer Hippie-Phantasie.

Orangen ist in Indien die Farbe der Hindu-Mönche. Sie tragen orangenfarbene Wickeltücher um die Hüften *(Dhotis)* und Obergewänder dieser Farbe. Orangen ist das Symbol der Entsagung, denn es ist die Farbe der Erde; der Mönch will daran erinnert werden, daß er allen weltlich-materiellen Gütern entsagt hat und so arm und einfach wie die Erde geworden ist. Es ist ein sakramentales Gewand, ähnlich dem Ordenskleid eines Franziskaners und Benediktiners, das auch in einer liturgischen Einkleidungsfeier verliehen wird. Häufig wartet ein Hindu-Mönch in jahrelanger Vorbereitung auf die Verleihung des orangenfarbenen Gewands durch seinen Guru. Bei der Ramakrishna-Mission, einem modernen hinduistischen Orden, wartet der Aspirant wenigstens acht Jahre, während deren er das schneeweiße Gewand eines Brahmachari trägt. Orangen ist die Farbe von *Sannyasa*, der vollkommenen Entsagung als der traditionell letzten Stufe im Menschenleben. Die vier Lebensstufen sind Studium, Familienleben, Eremitentum und zuletzt das Leben als Wandermönch, das Sannyasa heißt. Diese Stufenfolge wird zwar heute selten und dann nur andeutungsweise befolgt, doch läßt sie das hohe Ethos erkennen, das dem Sannyasa, der Entsagung, und ihrem Symbol, dem orangenfarbenen Gewand, zukommt.

Die indische Gesellschaft verehrt auch heute noch ihre Mönche, besucht sie, hört ihnen zu, wie sie die Geschichten mythologischer Götter und großer Heiligen erzählen, sie baut ihnen Ashrams, baut ihnen nach dem Tod Grabmäler, die zu Wallfahrtsorten werden. Der Mönch ist im indischen Volksverständnis der „ideale Mensch". Er selbst mag seine religiösen Pflichten nachlässig, heuchlerisch, faul ausüben, das ist weniger wichtig. Im Mönch wird der ursprüngliche Wille, alles aufzugeben, die „Welt zu verlassen", geehrt, der Archetypus, weniger die individuelle Erfüllung.

Ich sage das, um anzudeuten, wie groß der Unterschied ist zwischen dem orangenbunten „Mönchtum" der westlichen Rajnisch-Anhänger und dem ursprünglichen, auch heute lebendigen hinduistischen Mönchtum. Ich sage es, um klarzumachen, wie groß die Abneigung und das Unverständnis eines Inders sein muß, wenn er das farbenfrohe Treiben der modernen Mönche in Poona beobachtet, die die orangenfarbenen Tücher schon nach einigen Tagen bekommen und sich „Swami" nennen und sie zur Schau tragen, ohne sich nur andeutungsweise monastischen Sitten anzupassen. Mönchische Paare und Ehepaare, eventuell mit Kind oder Kindern, sind in den Augen eines frommen Inders ein Skandal, besonders wenn sie gar Hand in Hand durch Bombay oder Poona wandern.

Rajnisch und sein Ashram sind bekannt geworden im Zuge des Interesses der westlichen Jugend an sogenannter „östlicher Spiritualität". Die jungen Europäer und Amerikaner begeben sich auf die Reise nach Indien, um zu Füßen eines indischen Meisters zu lernen, geistige Eindrücke zu empfangen und von dem Reichtum indischer Weisheit ein wenig anzunehmen. Es ist aber schon deutlich geworden, daß für diese Menschen die Reise nach Poona nicht nach Indien, sondern an Indien vorbei führt. Der Ashram von Rajnisch ist eine westliche Enklave mitten in einer mittelgroßen Stadt Indiens. Der Ashram steht auf Kriegsfuß mit der lokalen Administration, die die Unsitten der Ashramiten schon mehrmals einzuschränken suchte. Als Gegenmaßnahme hat Rajnisch gedroht, er werde seinen Ashram in eine andere Gegend Indiens verlegen, was die Menschen in Poona teils mit Erleichterung, teils mit Bedauern aufnehmen würden, denn die Geschäftsleute verdienen ausgezeichnet an der westlichen Kundschaft. Der Ashram nimmt beinahe nur Europäer und Amerikaner auf, indische Besucher und Bewohner sollen weniger als zehn Prozent betragen. Von bestimmten Kursen und Veranstaltungen, vor allem von jenen, die erotische und sexuelle Regungen provozieren, sind Inder prinzipiell ausgeschlossen. Die Begründung lautet, daß ein junger Mann aus dem sittenstrengen Indien, wo Mädchen und Jungen meist unberührt in die Ehe gehen, „verrückt" werden müßte, nähme er an diesen aufreizenden Veranstaltungen teil. Diese Einzelheit zeigt prägnant, wie unindisch die Methoden von Rajnisch sind, daß er der „östlichen Weisheit" geradezu entgegenhandelt, um vordergründige Bedürfnisse der westlichen Jugend zufriedenzustellen. Es ist grotesk, bedenkt man, daß Europäer und Amerikaner den weiten Weg nach Indien machen, um sich durch „östliche Spiritualität" von den Wunden, die ihre Zivilisation ihnen geschlagen hat, zu heilen, doch angekommen, nur ihresgleichen finden und eine Lebensweise, die der der permissiven Gesellschaft, die sie verließen, ähnlich ist. Im Grunde liegt darin auch die Erfolgsmethode von Rajnisch. Er verlangt keine Anstrengungen der Umstellung, der Aufgabe alter Gewohnheiten und Vorstellungen, und doch verbreitet er den Eindruck durch den geographischen Standort des Ashrams in der indischen Landschaft, durch oberflächliche Zutaten wie die orangenfarbenen Gewänder, daß östliche Spiritualität vermittelt wird. Auch das Vokabular in den Vorträgen und Kursen ist mit den üblichen Begriffen östlicher Spiritualität, wie „Erleuchtung", „Selbstverwirklichung", „Überbewußtsein", durchsetzt, doch unterscheidet sich Rajnisch in einem wesentlichen Punkt von dem breiten Strom indischer Tradition, und das ist: Er verlangt keine Askese, keine Entsagung. Er ermuntert seine Anhänger gerade zum Gegenteil: zum vollen Ausleben der Sinne, was Rajnisch zu einer Mystik des Sinnenlebens ausgestaltet hat. Seine durch keine ernsthafte spirituelle Tradition belegte Hypothese ist, daß ein gerader Weg vom Sexus zur göttlichen Erleuchtung führe; der Titel eines seiner berühmt gewordenen Bücher weist darauf hin: „From Sex to Superconsciousness".

Innerhalb der indischen Tradition möchte er an zwei Strömungen anschließen, nämlich an der Radha-Krishna-Mystik der Vishnuiten und am Tantrismus. Die Radha-Krishna-Mystik ist aber stets als allegorisierte Brautmystik verstanden worden. Genauer: die Liebe des Kuhhirten Krishna, einer göttlichen Inkarnation, zu dem Milchmädchen Radha, die im Mythos als freizügige, uneheliche und voll ausgelebte Liebe dargestellt wird, ist von der großen Mehrzahl der Interpreten und Frommen als der unbändige Liebesdrang der Seele – von Radha verkörpert – zu Gott – von Krishna verkörpert – verstanden worden. Ausnahmen, etwa in der Vallabha-Sekte, die daraus ein erotisches Spiel machten, sind meines Wissens selten. Der Tantrismus arbeitet auch mit dem Sexus des Menschen, doch nicht leichtfertig und auf unasketische Weise. Er betrachtet den Sexus als eine Kraftquelle im Menschen, mit der er weise umzugehen habe und die er für seine religiösen Ziele nutzbar machen könne.

In einem Aspekt des Ashramlebens ist Rajnisch im Ansatz sehr indisch. Ich meine seinen Anspruch, „Guru" zu sein. Er gibt „Einweihung", er gibt Rat und Weisung, er läßt sich verehren, verteilt seine Bilder und baut einen Kult um sich auf. Es ist wahr, daß der Guru auch im zeitgenössischen indischen Leben eine große Rolle spielt. In Indien ist der Guru, das heißt die geistige Autorität, eng in die gesellschaftliche Struktur eingegliedert. Selbst Lehrer an der Schule und Universität, Handwerksmeister und Bürochefs haben häufig den Abglanz eines Gurus, einer geistigen Autorität. Ihnen wird von den Schülern und Studenten oder Angestellten nicht nur Fachwissen und größere Erfahrung zugestanden, sondern auch geistige Mächtigkeit. Das habe ich gespürt, als ich in Kalkutta Deutsch unterrichtete. Meine Schüler erwarteten neben Erklärungen zur deutschen Grammatik und zum Wortschatz Ratschläge zu ihren persönlichen Problemen, Zuspruch, Trost, mittragende Liebe. Sie wollten zu mir aufblicken, obwohl ich kaum älter als sie war, suchten ein Leitbild, eine geistige Stütze. Heroisierung, Idolisierung ist Teil der indischen Mentalität. Sie hat positive und negative Auswirkungen. Auf der positiven Seite steht, daß die indische Gesellschaft noch gültige Mutter- und Vaterbilder besitzt und dadurch bedeutend mehr mitmenschliche Geborgenheit und emotional moralische und intellektuelle Unterstützung durch die menschliche Umgebung erfährt als die Menschen im Westen. Auf der negativen Seite steht die Gefahr einer Transferierung der Entscheidungsinstanz auf den Guru, den Vater, Lehrer und so weiter in Fragen, die die Stärke eigener Urteilsbildung bräuchte.

Der westliche junge Mann und die westliche junge Frau sind dagegen in dem Zeitalter der sogenannten antiautoritären Erziehung aufgewachsen, sie haben Autoritäten jeder Art aus ihrem Leben hinausgekehrt, um nicht von ihnen „unterdrückt" zu werden. Es gehört zu den schizophrenen Zügen dieser Zeit, daß junge Leute einerseits autoritäre soziale Strukturen ablehnen und demokratische, egalitäre Verhaltensformen selbst dort fordern, etwa in der Familie und in der Schule, wo ihre Verwirklichung diese Institutionen ad absurdum führen muß, sie andererseits aber nach Poona fahren und sich Rajnisch als ihrem Guru unterwerfen. Es scheint, daß Autorität in den gewohnten Erlebnisbereichen von Familie, Schule, Universität, Beruf abgebaut und abgelehnt wird, während sie in dem neuen, kulturfremden Erlebnisbereich „östliche Spiritualität" unreflektiert angenommen werden kann. Gerade weil dieser Erlebnisbereich ohne Beziehung zur gewohnten Umwelt ist, scheint es dem Jugendlichen leichtzufallen, die Autorität, welche die Gurus in Anspruch nehmen, zu akzeptieren. Etwas Fremdes ragt in ihr Leben hinein, das anderen Gesetzen gehorcht als das übliche soziale System. Angezogen von diesem Fremden und in der Hoffnung, sich damit identifizieren zu können, brechen die Jugendlichen unschwer aus ihrem üblichen Sozialverhalten aus. Häufig wird der Sprung in die Fremde noch als ein Ergebnis der inneren und äußeren „Befreiung", welche ihnen die antiautoritäre und antirepressive Rebellion bescherten, empfunden. Denn diese Befreiung macht es dem Jugendlichen erst möglich, sich von dem Gewohnten zu „emanzipieren", um sich mit dem Fremden anzufreunden. Wie wenig ahnen sie, daß die Gurus sie meist in eben die Fallen locken, aus denen sie sich zu retten versucht haben.

Mit Nachdruck muß darauf hingewiesen werden, daß die Institution des Guru in Indien andere Eigenschaften und soziale Voraussetzungen besitzt als jene Gurus, die hauptsächlich ein westliches Publikum anziehen, wie Rajnisch, Maharaj Ji, Mahesh Yogi oder Sai Baba. Für den Inder ist der Guru ein Teil seines Lebens von Anfang an. Er hat seine Mutter auf dem Besuch zu ihrem Guru begleitet, er hat die Mönche in den Tempeln gesehen, ihnen zugehört, er hat an der gesamten spirituellen Atmosphäre teilgehabt, in der der Mönch, der Asket und Guru exponierte Gestalten sind. Für westliche Jugendliche dagegen, selbst für kirchenfromme junge Menschen, ist der Guru ein fremdes Phänomen. Es ist heute außerhalb der Ordensgemeinschaften unüblich geworden, einen „Seelenführer" zu besitzen. Die im Westen populären Gurus haben es verstanden, ihr „Image" analog den Pop- und Rockstars aufzubauen. Das ist wohl der Anschlußpunkt für die Werbefachleute der Gurus im Westen, insbesondere für solche, die im Westen selbst lehren, wie Mahesh Yogi und Maharaj Ji. Auch diese Gurus lassen Träume und Sehnsüchte um sich wachsen, verbreiten Illusionen, versetzen sich in eine irreale, vom Alltag abgesetze, unnahbare Sphäre. Die wichtigen Unterschiede zwischen Rockstar und modernem Guru sind nur, daß der eine meist jung, der andere meist älter ist, daß der eine meist zwischenmenschliche

Probleme sentimentalisiert und mystifiziert, der andere die Beziehung zwischen Mensch und Gott.

Was die Beziehung zwischen Schüler und Guru anbelangt, weichen jene modernen Gurus wie Rajnisch in einem wesentlichen Punkt von der indischen Tradition ab. Indischer Tradition zufolge wählt der Schüler seinen Guru nach langer eigener Vorbereitung und Prüfung, welcher Mann oder welche Frau ihn geistig führen könne. Der erste Schritt ist, daß der Schüler zur rechten Schülerschaft heranwächst, daß er menschlich und religiös reif wird (so daß ihm ein Guru überhaupt nützen kann), für die rechte Wahl seines Guru oder für das „Erscheinen" des rechten Guru betet, jahrelang vielleicht, bevor er hoffen darf, die richtige Wahl zu treffen, oder bevor er das Erscheinen seines ihm vorbestimmten Guru erwarten darf. „Es gibt viele Gurus, doch nur wenige wahre Schüler", lautet ein bekanntes indisches Sprichwort.

Die modernen Gurus, denen sich junge Menschen aus dem Westen anschließen, legen keinen Wert auf echte Schülerschaft. Sie nehmen jeden an, der kommt und bezahlen kann. Sie versprechen allen, die kommen, Glück und seelisches Heil. Sie erwarten auch nicht von ihren Anhängern, daß sie eine bewußte, reife Wahl zur Person des Guru treffen. Die Hingabe an den Guru, die der Wahl folgen muß, ist ursprünglich als bewußte Entsagung des Eigenwillens gemeint. Diese Entblößung von seinen Willens- und Gefühlskräften ist aber nur seelisch starken, emotional gefestigten Menschen möglich. Die Kunden der modernen Gurus sind jedoch in der Mehrzahl verunsicherte, labile junge Menschen, deren Hingabe an den Guru ein verzweifelter Sprung in die Irrationalität ist. Dieser Sprung erscheint immer dann psychisch notwendig, wenn man die moderne, komplexe Welt nicht mehr verstandesmäßig erfassen und emotional verkraften kann. Irrationalität ist dann eine Ausflucht. In der Gegenwart der Gurus sehen die unglücklichen jungen Menschen die Sinnfrage auf einige wenige, leicht faßliche Elemente reduziert, kulminierend in der geforderten Hingabe an den Guru. Daß sich junge Menschen in dieser überschaubaren und durch die Versprechen des Guru abgesicherten

Welt wohler fühlen als im bedrohten Alltag, ist gut verständlich. Doch verfehlen sie die wahre Schülerschaft, die die indische Tradition fordert, reifen nicht zu einem verantwortungsvollen Leben heran, sondern geraten durch die Abhängigkeit (oft geradezu Hörigkeit) von einem Guru in Infantilität. Der Guru bestätigt sie in ihrem Leben, ja sanktioniert noch, woran sie eigentlich kranken, anstatt sie zu fordern, zu stärken und vor der Sünde zu bewahren.

Strahlkraft der Erleuchtung

– Der Roshi im japanischen Zen-Buddhismus –

Roshi – so nennen die Japaner den „Meister des Weges". Das gilt keineswegs nur für den Meister im Zen-Buddhismus. Seit Zen, einstmals von China nach Japan herübergewandert, sich vor einigen Jahrzehnten von neuem auf den Weg gemacht hat – diesmal in die westliche Welt! –, scheint man hierzulande nachgerade zu meinen, Zen sei das spirituelle Japan und alle richtigen Japaner trieben Zen. Lächelnd verbeugte sich der japanische Germanistikprofessor auf einem internationalen Kongreß in Zürich, stellte sich vor mit Namen und Fakultät – und erklärt im selben Atemzug: „Aber Zen mache ich nicht!" So sehr war er daran gewöhnt, von jedem Europäer auf Zen angesprochen zu werden. Buddhist war auch er, gehörte aber der Jodo-Richtung an, die in Japan viel weiter verbreitet ist als der Zen-Buddhismus (und die im übrigen von einem fast christlich anmutenden Gnadenverständnis bestimmt ist). Die Gestalt des Roshi spielt auch im Jodo-Buddhismus eine Rolle; dennoch wollen wir uns hier auf den zen-buddhistischen Meister beschränken.

Was ist Zen? Mit einer Kurzformel gesagt: Zen heißt in Japan jene aus China übernommene Form des Buddhismus, bei der *Meditation* beherrschend im Zentrum von Religion und Spiritualität steht: eine sehr durchdachte, sehr konsequente Methode der Versenkung. Der Name sagt bereits alles, ist doch „zen" oder „zenna" lediglich die japanisierte Form des Sanskritwortes für „Meditation" (dhyana). Roshi bedeutet übrigens wörtlich nichts anderes als „Großer Alter Meister". Und von einem sehr alten Alten Meister soll zunächst die Rede sein. Jean Gebser, der bekannte Kulturphilosoph, hat in seinem Buch

„Asien lächelt anders" über seinen Besuch bei einem auch in der westlichen Welt berühmten Zen-Weisen berichtet: Daisetz Teitaro Suzuki, den er „einen der bedeutendsten Zen-Meister unseres Jahrhunderts" nennt.

„Suzuki ... dem ich Jahre zuvor in der Schweiz begegnet war, hatte mich für einen Nachmittag in das Zen-Kloster des dortigen Tokeiji-Tempels eingeladen, in dessen Waldungen er ein schönes großes Haus bewohnte ... Der ‚Doktor' kam behende eine kleine Treppe herunter, etwas nach vorn gebeugt, klaren Blickes, ungemein lebendig und wach. Er war nur wenige Stunden vor mir aus Tokio zurückgekehrt, wo er am Vortage trotz seiner einundneunzig Jahren einen Kongreß geleitet hatte ... Wir sprachen und schwiegen über Zen. Es war ein mehr metaphysisches Gespräch, dessen Inhalt hier ... nicht interessiert. Ich erzähle von diesem Besuch aus einem anderen Grund. Da saß ich neben einem Asiaten, der eine Güte ausstrahlte, eine Heiterkeit des Herzens, der Seele und des Geistes, die in jedem Satz, in jeder Geste enthalten war. Dazu gesellte sich geistige Klarheit, blitzschnelles Erfassen, ein geradezu abgründiges Verständnis für schwierigste Probleme, eine Präzision der Definitionen, gepaart mit einer Weisheit, die über alledem stand – alles Eigenschaften und Qualitäten, die man auch in Asien nur äußerst selten in einem Menschen vereinigt findet. Letztlich war er alledem bereits enthoben, blieb aber dennoch weltoffen und vermochte sich dem Mitmenschen ... zuzuwenden."[11]

Nun könnte man denken, diese faszinierende Kombination von weltentrückter Weisheit und weltzugewandter vollkommener „Präsenz" sei vielleicht nur für Suzuki auf eine höchst individuelle Weise charakteristisch. Schließlich war er nicht nur Zen-Meister, sondern zugleich ein weltberühmter Zen-Gelehrter, dem die bahnbrechende Tat gelungen ist, Zen auf eine auch dem westlichen Verstehen zugängliche Weise zu interpretieren und so dem Westen zugänglich zu machen. Man könnte also auf den Verdacht verfallen, daß in Suzukis bleibender

---

[11] Jean Gebser, Asien lächelt anders, Verlag Ullstein, Berlin – Frankfurt – Wien 1968, S. 94f.

Weltzugewandtheit sich der Einfluß seiner intensiven Begegnung mit westlichem Denken geltend mache. Der aktive, einsatzfreudige Abendländer kann sich nun einmal des Argwohns nicht erwehren, daß die meditative Spiritualität des Ostens den Menschen a-sozial macht. Nun mag das auf bestimmte Formen des Yoga durchaus zutreffen (keineswegs auf alle!); aber Zen ist nicht Yoga, wenn auch manche seiner Methoden im indischen Yoga ihre Wurzeln haben. Zen distanziert den Menschen nicht von der Welt; seine Versenkungsmethoden zielen nicht darauf, den Menschen der Wirklichkeit zu entfremden – im Gegenteil: er soll für die wahre Wirklichkeit geöffnet werden.

Der Jesuit Heinrich Dumoulin, ein Fachmann in Fragen Zen, hat in einem Vortrag vor der Katholischen Akademie in Bayern nachdrücklich darauf hingewiesen, daß vom Wirken nicht weniger Zen-Meister ein spürbarer Einfluß in die Gesellschaft eingeströmt sei – vor allem an ihrem Lebensabend, „während jener kostbaren zwei oder drei Jahrzehnte, wo die Laufbahn des Zen-Meisters auf ihrem Höhepunkt steht".

„Während ... (die Meister) sich der geistlichen Führung eines zahlreichen Jüngerkreises aus Mönchen und Laien, aus Männern und Frauen widmeten, fanden sie die Zeit, sich um das geistliche und leibliche Wohl der armen Landbevölkerung in der Umgebung ihrer Tempelklöster zu sorgen. Von ihrer ungewöhnlichen Strahlkraft zeugen so manche anekdotenhafte Geschichten, die an Gestalten wie Tauler, Philipp Neri oder Don Bosco erinnern."[12]

Aber „Meister" im Vollsinn des Wortes ist der Roshi nur für seine „Jünger" – die Mönche des Zen-Klosters etwa! Doch kann der Roshi seine Schüler auch in jedem weltlichen Beruf haben: Männer, Frauen, die den Weg des Zen gehen und durch Zen Befreiung, Erleuchtung suchen. Diese Laien-Schüler (es gibt übrigens auch Laien-Meister – nicht nur Männer, sondern auch Frauen) üben normalerweise nach genauer Meditationsanleitung zu Hause und kommen nur gelegentlich zu den sehr strengen Zen-Exerzitien („sesshins" heißen sie) zu ihrem Mei-

---

[12] Heinrich Dumoulin, Lebenswerte im Buddhismus, in: Zur Debatte, Juni 1974.

ster in den Zen-Tempel. Denn Zentrum der ganzen Methode ist das „Sitzen“ – „Zazen“; „za“ heißt japanisch „sitzen“, so daß Zazen „Sitzen in geistiger Sammlung“ oder auch „Sitzen in Versenkung“ bedeutet. *Sitzen* kann man schließlich überall, nicht nur in Tempel oder Kloster, sondern auch zu Hause. Und daß man es regelmäßig täglich übt, ist Voraussetzung des ganzen Zen-Weges.

Eine bestimmte Sitzhaltung ist dabei Bedingung: kerzengerade aufrecht, bewegungslos. Man sitzt auf dem Boden, auf der Matte – nur ein niedriges Sitzkissen unter sich. Im vollen „Lotossitz“, die Knie fest auf dem Boden ruhend, die verschränkten Füße auf den Oberschenkeln, gelingt es am leichtesten, sich längere Zeit ohne jede Bewegung völlig gerade zu halten, ohne daß der Rücken sich verspannt. Darum gilt der Lotossitz als König unter allen Meditationssitzen. Wer über die dazu erforderliche akrobatische Gelenkigkeit der Beine nicht verfügt, kann den halben Lotossitz wählen, den Burmesischen Sitz oder auch den in Japan sonst üblichen Diamantsitz: auf dem Boden kniend, sitzt man dabei auf den Fersen. Doch kann der Anfänger auch diese Sitzpositionen zunächst nicht ohne Schmerzen durchhalten. Dennoch werden die Beschwerden in den Beinen in Kauf genommen, um vollkommen aufrecht sitzen zu können – unverkrampft, so gelöst wie möglich. Zum Nutzen des Körpers nicht nur, sondern noch mehr der Seele und der Wachheit des Geistes! Darum genügt auch die rein körperliche Straffung nicht; das richtige Sitzen ist mehr noch eine Sache der inneren Einstellung als der äußeren Haltung. Sitzen soll der Schüler mit einem Gefühl der Würde und der Hoheit, „in sich ruhend wie ein Berg oder wie eine riesige Kiefer“. Nicht dösend, nicht träumend (die Augen werden nicht geschlossen), sondern in ruhiger, klarer, vollkommener Wachheit.

Freilich nicht grübelnd, denkend, reflektierend! Die intellektuelle Gedankenmühle soll ja gerade aufhören, sich ruhelos im Kopf zu drehen; Versenkung beginnt erst, wenn das diskursive Denken zur Ruhe kommt. Dennoch muß der Übende beim Zazen geistig völlig präsent bleiben – in stiller, konzentrierter Erwartung, des Größten gewärtig. Und solch völliges Sichversenken ist eben nicht nur Frucht geistiger Sammlung, sondern gleichzeitig Ergebnis einer bestimmten Körperhaltung, wie Philip Kapleau es in seinem Standardwerk über „Die drei Pfeiler des Zen“ beschreibt: „Wenn sich … Füße, Beine, Arme, Hände, Rumpf und Kopf geordnet und unbeweglich in der herkömmlichen Lotoshaltung befinden, der Atem geregelt ist, die Gedanken methodisch zur Ruhe gebracht werden, wenn Kontrolle über die Empfindungen und Stärkung des Willens entwickelt und tiefe Stille im innersten Bereich der Seele erzeugt wird – mit anderen Worten: wenn man Zazen übt –, dann sind die besten Vorbedingungen geschaffen, um den Herzgeist zu schauen und das wahre Wesen des Daseins zu entdecken.“[13]

Das wäre dann die ersehnte Erleuchtung – „satori“, wie der Japaner sagt: das „Öffnen des Geistigen Auges“, Erwachen zum eigenen Wahren Wesen (und damit zum Wesen aller Wirklichkeit). „Wissen“ nicht mehr nur aufgrund von Hörensagen (weil der Meister so lehrt! Weil der Buddha es sagt!), sondern Wissen aus eigener *Erfahrung!*

Wie freilich soll man beschreiben, was im Augenblick des Großen Durchbruchs geschieht? Wie Erleuchtung sich ereignet? Was „satori“ ist? Jahrhundertelang galt unter den Zen-Erfahrenen: „Wer weiß, redet nicht – und wer redet, weiß nicht!“ Diese berechtigte Scheu, über Dinge zu sprechen, die sich in Worten nicht vermitteln lassen, ist in den letzten Jahren einer Art Redseligkeit gewichen, die auch vor der Erleuchtungserfahrung nicht haltmacht. Aber alle Beschreibungen nutzen dem bloßen Leser nicht viel. Er mag noch so viele Satori-Berichte begierig oder neugierig oder auch ehrlich erkenntnishungrig verschlingen – selbst nach wiederholter Lektüre wird er sich innerlich sagen, daß er solche Erfahrungen nicht nachvollziehen, nicht wirklich verstehen kann.

Insofern hat die kindliche Geschichte vom „Satori-Vogel“ etwas Unübertreffliches – eine autobiographische Notiz aus

---

[13] Die drei Pfeiler des Zen, herausgegeben und kommentiert von Philipp Kapleau, Otto-Wilhelm-Barth-Verlag, Weilheim/Obb. 1972, S. 35.

dem Leben von Zen-Meister Takashi Hirata, dessen Vater schon Zen-Priester in einem Zen-Tempel gewesen war.

Hirata erzählt: „In meiner Kinderzeit habe ich manchmal von meinem Vater das Wort ‚Satori' gehört, das die Erleuchtung des Zen bedeutet. Vater hat mir Satori mit einem ... (kindlichen) Gleichnis erklärt, da ich ja noch ein Kind war und nicht verstehen konnte, was Satori ist. ‚Satori ist ein unsterblicher, sehr geschmeidiger, mit veilchenfarbiger Kleidung angezogener Vogel, der dem Menschen Früchte der Kraft und Weisheit bringt.' Tori bedeutet auf japanisch Vogel, aber das Wort Satori ... (hat nichts mit) Vogel (zu tun). ‚Solltest du sehr fleißig Zazen machen, käme der „Satori-Vogel" zu dir und brächte dir schöne, süße Früchte.' Ich, der ich noch ein Kind war, übte sehr fleißig Zazen, damit dieser Vogel zu mir kommen möge. Seit der Zeit kann ich das Wort Satori nicht vergessen. Nur veränderte sich in mir die Bedeutung von Satori als Vogel zu der einer erfahrbaren Wahrheit."[14]

Auch Zen-Meister Hirata verdeutlicht seine Erfahrung nicht so, daß der Un-Erfahrene sie innerlich nachvollziehen könnte. Doch weist er die Richtung, in die Satori zielt. Erleuchtung hat etwas zu tun mit dem Durchbrechen des „ursprünglichen Menschen" durch die Ego-Verkrustungen des empirischen Ichs. Werde, was du bist! Buddhistisch formuliert: Werde ganz zu jenem Buddha-Wesen (Erleuchtungs-Wesen), das der Anlage nach schon in dir schlummert.

Der berühmte Zen-Meister Yasutani Roshi macht das am Bild des Wassers deutlich:

„Zwischen einem ... (zu höchster Vollkommenheit gelangten Buddha) und uns gewöhnlichen Menschen besteht der Wesenheit nach kein Unterschied. Diese ‚Wesenheit' kann man dem Wasser vergleichen. Eines der auffallendsten Merkmale des Wassers ist seine Anpassungsfähigkeit: Gießt man es in ein rundes Gefäß, so wird es rund; gießt man es in ein eckiges, so wird es eckig. Da wir aber in Unkenntnis unseres Wesens in

---

[14] Takashi Hirata, Ein Leben in Zen, in: Höhlen – Klöstern – Ashrams – Religiöse Gemeinschaften in Indien und Japan, herausgegeben von Ursula von Mangoldt, Otto-Wilhelm-Barth-Verlag, Weilheim/Obb. 1962, S. 191.

Banden und Fesseln leben, haben wir diese Freiheit verwirkt." Ein wahrer Buddha dagegen könnte also sein Wesen unter allen Daseinsbedingungen, in allen denkbaren „Rollen" vollkommen verwirklichen! „Verfolgen wir diese Metapher weiter, so können wir sagen, daß der Geist des Buddha gleich einem ruhigen, tiefen und kristallklaren Wasser ist, in dem der ‚Mond der Wahrheit' sich ganz und vollkommen spiegelt. Der Geist des gewöhnlichen Menschen hingegen gleicht trübem Wasser, das, dauernd von den heftigen Winden verblendeten Denkens aufgewühlt, nicht mehr imstande ist, den Mond der Wahrheit zu spiegeln." Wobei mit „verblendet" das normale, das gewöhnliche Denken charakterisiert wird, weil feste Vorstellungsschemen, zementierte Vor-Urteile den an sich spiegelungsfähigen Geist trüben! „Nicht destoweniger scheint der Mond unwandelbar auf die Wogen. Da aber die Wasser aufgerührt sind, vermögen wir seine Spiegelung nicht zu sehen. So führen wir ein Leben, das sinnlos und voller Vereitelungen ist."[15]

Offenbar schlummert aber inmitten des Herzens eine Art Erinnerung an den leuchtenden Mond der Wahrheit, so daß der im Finstern Dahintappende ahnt, daß das Licht wohl da ist, er selbst aber es nicht sehen kann. Das ist es, was ihn zum Meister hintreibt: Sehnsucht nach Erleuchtung – Sehnsucht, daß das Buddha-Wesen im eigenen Innern erwachen möge. Aufgabe des Meisters ist es, bei dieser „Geburt" des inneren Menschen Geburtshelferdienst zu tun. *Gebären* freilich muß ihn der Jünger selbst. Das kann ihm kein anderer, auch der größte Roshi nicht abnehmen. In allen Berichten aus der Zen-Welt ist etwas von dieser strengen, herben, fordernden Atmosphäre zu spüren.

Ein Japaner, 32 Jahre alt, von Beruf Gartengestalter, erzählt:

„Obgleich ich in eine Familie der Soto-Zen-Sekte hineingeboren wurde, begann ich doch mit regelrechtem Zazen erst, als ich schon achtundzwanzig war. Was mich zu diesem Schritt veranlaßte, war die Furcht vor dem Tode, als ich anfing, Blut zu spucken, nachdem ich mir eine Tuberkulose zugezogen hatte,

---

[15] Die drei Pfeiler des Zen, a.a.O. S. 59f.

und ein Gefühl der Unsicherheit über das Leben selbst, das mich zu plagen begann... Wie gut erinnere ich mich an mein erstes Sesshin... Am zweiten Tag konnte ich nicht mehr die Mahlzeiten essen. Ich hatte große Schmerzen in den Beinen, und ich konnte mir auf den Vortrag des Roshi überhaupt keinen Vers machen. Manchmal langweilte ich mich ausgesprochen. Hinzu kam, daß die Sesshin-Ordnung streng und die ganze Atmosphäre kalt und bedrückend war. Allmählich wurde ich rebellisch. ‚Zazen muß eine Art Hypnose sein...‘, sagte ich mir ... (Nach drei Tagen) erschien ich zum Dokusan (zur persönlichen Aussprache) vor dem Meister. Als ich ihn erblickte, hatte ich das Gefühl, daß ich mich einer Eisenwand gegenüber fände. Aber mich faszinierte seine einzigartige Stimme... Mehrmals ging ich (zur Aussprache) ... einfach nur, um diese Stimme zu hören und sein ungewöhnliches Gesicht zu sehen. Dabei spürte ich deutlich die Stärke seines Charakters und seiner Persönlichkeit... seine Würde, seine überwältigende Kraftfülle. Im Vergleich dazu kam ich mir unbedeutend und hohl vor. ‚Wenn ich dadurch, daß ich mich betrügen lasse (Zazen also nichts anderes sein sollte als Hypnose), diese Stufe der Entwicklung erreichen kann, soll mir der Betrug gleich sein‘, so folgerte ich und beschloß, gewissenhaft zu sitzen, wie er mich unterwies.“[16]

Von der geistigen, ja charismatischen Ausstrahlung des Meisters hängt für den inneren Fortschritt des Schülers mindestens so viel ab wie von seiner spirituellen Führung und methodischen Anleitung. Nur der selbst Erleuchtete kann zur Erleuchtung führen. Darum kann sich in der Welt des Zen niemand selbst zum Meister ernennen: er muß von seinem eigenen Roshi als „Roshi“ beglaubigt worden sein – so wie jener wiederum den „Meister“-Brief von *seinem* Meister empfangen hatte. Da besteht eine ununterbrochene Kette der Sukzession. Freilich schließt das nicht aus, daß gelegentlich Fehlurteile vorkommen, was zur Folge haben könnte, daß solch ein inkompetenter Meister wiederum inkompetente Meister „zeugen“ würde. Das ist das hohe Risiko einer spirituell so hochentwickelten Institution

---

[16] Die drei Pfeiler des Zen, a.a.O. S. 317f.

wie sie im Zen-Buddhismus verwirklicht ist. Um so überwältigender sind andererseits die Wirkungschancen, die sich im Zen dem wahren Meister bieten.

„Ein tüchtiger Roshi verbindet ... strenge Abgelöstheit mit warmer Anteilnahme, Geschmeidigkeit und mit einer Ichlosigkeit, die niemals mit Schwäche oder Schlaffheit verwechselt werden kann. Zudem verfügt er über Selbstvertrauen und ist von gebieterischer Haltung. Da seine Worte mit der Kraft und Unmittelbarkeit seiner befreiten Persönlichkeit aufgeladen sind, hat das, was er sagt, die Macht, den erschlafften Sinn des Schülers zu beleben und seine Suche nach Erleuchtung trotz aller Schmerzen, Enttäuschungen und zeitweiser Langeweile von neuem zu stärken. Worauf aber der Schüler am lebhaftesten reagiert, das ist der sichtbare Beweis für den befreiten Geist des Roshi: seine kindliche Ungezwungenheit und Einfachheit, seine Strahlkraft und sein Erbarmen, seine völlige Identifikation mit den ... vom Schüler angestrebten Zielen."[17]

So also sieht das ideale Ergebnis der vom Zen erstrebten Ich-Überwindung aus! Der Europäer erschrickt ja zunächst, wenn er vernimmt, Zazen ziele darauf ab, das Ich zu „zermürben", „abzubauen", zu „vernichten" – und wie die Ausdrücke sonst noch heißen mögen. An der Gestalt des Meisters wird sichtbar, daß die Folge von „satori" keineswegs eine im westlichen Sinn „ichschwache" Persönlichkeit ist, sondern der Große Weise: ein Mensch im vollen Einklang mit sich selbst, unabhängig, souverän, geistesstark und geistesklar, unerschütterlich wie ein Fels in der Brandung. Und dieses höchste Seiner-selbst-mächtig-Sein ist geradezu die Frucht einer völligen Ich-Vergessenheit. „Erleuchtet" ist der Geist, dem das eigene Ich aus dem Bewußtsein geschwunden ist – der sich mit befreiter Offenheit völlig dem zuwenden kann, was ihm begegnet. (In Klammern sei angemerkt, daß das alles in etwa auf das hinausläuft, was im Evangelium „sich selbst verleugnen" genannt wird. Im Buddhismus wird jeweils das „Göttliche" auf durchaus a-theistische Weise zur Darstellung gebracht; schon Gautama Buddha wei-

[17] Die drei Pfeiler des Zen, a.a.O. S. 137.

gerte sich, über Dinge zu sprechen, die er für unaussprechlich hielt!)

Das Verschwinden des Ichs aus dem Bewußtsein hat etwas mit der „Befreiung“ des Menschen zu tun (mit seiner „Erlösung“, wie wir christlich sagen würden). Alle Methoden des Zazen zielen darauf ab, den Übenden zu diesem ichfreien, hellsten, klarsten Bewußtsein zu führen.

Der japanische „Gartengestalter“ (siehe oben!) erinnerte sich nach seinem ersten „satori“, daß er schon als Student einmal etwas erlebt hatte, was ihm nun rückblickend eine gewisse Verwandtschaft mit seiner jetzigen Erleuchtungserfahrung zu haben schien:

„In meiner Schulzeit trat ich als Fechter im japanischen Stil gegen fünf Studenten zu einem Wettkampf an. Die ersten drei waren verhältnismäßig schwach, und ich versuchte, sie dadurch zu schlagen, daß ich mir im voraus Techniken ausdachte; aber ich wurde von allen dreien besiegt. Als ich mich dem vierten Gegner gegenüber sah, wurde ich von dem Verantwortungsgefühl, daß ich das Ansehen meiner Schule zu wahren habe, und auch von Bitterkeit über mein dreimaliges Verlieren überwältigt. Ich war verzweifelt. Ohne zu überlegen, sprang ich instinktiv meinen Gegner an und kehrte auf meinen Platz zurück, ohne zu wissen, ob ich gewonnen oder verloren hatte. Meinen fünften Gegner, der bei weitem der stärkste war, schlug ich auf gleiche Weise. Bei diesen beiden Kämpfen erlebte ich Augenblicke, die ich den nackten Ausdruck der Erleuchtung nenne, da ich im Einklang mit meinem unmittelbaren Gefühl und tiefstem Sinn handelte, ohne an Sieg oder Niederlage, den Gegner und mich selbst zu denken und gar ohne mir bewußt zu sein, daß ich an einem Kampf teilnahm. Sieht man sich einer Situation auf Tod und Leben gegenüber, so kann man augenblicklich intuitiv handeln, frei von Täuschungen oder unterscheidendem Denken, und dabei ist man doch nicht in Trance. Es geht darum, mit Hilfe der Zen-Methoden sich dazu zu erziehen, in jeder Lage kraftvoll-entschlossen handeln zu können.“ [18]

---

[18] Die drei Pfeiler des Zen, a.a.O. S.320f.

Freilich war das noch nicht „satori“ gewesen, nur der „nackte Ausdruck der Erleuchtung“ – nur das negative Element in ihr, ein momentanes Erlebnis von Ichlosigkeit, noch nicht das positive einer völlig neuen inneren „Einstellung“ des ganzen Wesens auf das je gegenwärtig Wirkliche. Von der Liebe wissen wir, daß sie um so stärker und elementarer ist, je mehr der Liebende sich selbst dabei aus dem Blick verliert: nicht mehr reflektiert auf sich selbst, nicht mehr mit den Auswirkungen der Liebe auf die eigene Psyche beschäftigt, nicht mehr im Genuß seiner eigenen Gefühle schwelgend, sondern hingegeben dem Du, sich selbst völlig vergessend. *So* sollte man, unabgelenkt, in allem, was man wahrnimmt und tut, völlig gegenwärtig sein. Nach einem frühen Sutra hat bereits der Buddha den Lebensgrundsatz aufgestellt: Wenn einer etwas sieht, darf es für ihn nur das Gesehene geben (so daß er selbst, der Sehende, für seine eigene Wahrnehmung „nicht mehr vorhanden“ ist); bei dem, was gehört wird, darf es nur das Gehörte geben; bei dem, was empfunden wird, nur das Empfundene; bei dem, was gedacht wird, nur das Gedachte.

Eine beliebte Zen-Anekdote geht in ähnliche Richtung:

„Eines Tages sagte ein Mann aus dem Volk zu Zen-Meister Ikkyu: ‚Meister, wollt Ihr mir bitte einige Grundregeln der höchsten Weisheit aufschreiben?‘ Ikkyu griff sofort zum Pinsel und schrieb: ‚Aufmerksamkeit.‘ ‚Ist das alles?‘ fragte der Mann. ‚Wollt Ihr nicht noch etwas hinzufügen?‘ Ikkyu schrieb daraufhin zweimal hintereinander: ‚Aufmerksamkeit. Aufmerksamkeit.‘ ‚Nun‘, meinte der Mann ziemlich gereizt, ‚ich sehe wirklich nicht viel Tiefes oder Geistreiches in dem, was Ihr gerade geschrieben habt.‘ Daraufhin schrieb Ikkyu das gleiche Wort dreimal hintereinander: ‚Aufmerksamkeit. Aufmerksamkeit. Aufmerksamkeit.‘ Halb verärgert begehrte der Mann zu wissen: ‚Was bedeutet dieses Wort „Aufmerksamkeit“ überhaupt?‘ Und Ikkyu antwortete sanft: ‚Aufmerksamkeit bedeutet Aufmerksamkeit.‘“[19]

Für den Zen-Buddhisten gibt es keine Schranken zwischen

---

[19] Die drei Pfeiler des Zen, a.a.O. S. 36.

profan und sakral, zwischen „religiöser“ und „weltlicher“ Wirklichkeit. Die Wirklichkeit ist *eine,* und wenn hier nicht von „Göttlichem“ gesprochen wird, dann nur deshalb, weil der Buddhist vom Göttlichen nicht spricht, sondern schweigt. Die verehrungsvolle Hingabe an das je gegenwärtige Wirkliche – an das, womit man gerade zu tun hat und was man gerade tut – zeigt, wie sehr ein Numinoses in ihr empfunden wird.

Darauf läuft eine andere berühmte Zen-Geschichte hinaus:

Zum Meister kommt sein Schüler: „Du bist erleuchtet, ich nicht! Was aber unterscheidet dich von mir?“ Nun, wenn ich gehe, dann gehe ich; wenn ich müde bin, dann schlafe ich; wenn mich hungert, esse ich?“ „Aber das tue ich doch auch“, ruft der Schüler. „DANN TU'S DOCH!“

Vom Kopfstand auf die Füße

– Der islamische Sufi-Scheich –

„Einer fragt einen Pir (einen islamischen ‚Meister des Weges') ... nach der sufischen Wahrheit. Der Pir antwortet: ‚Sie besteht aus zehn Teilen. Einer davon ist *wenig reden* und neun *schweigen.* – Weil er schweigt, sitzt der Falke auf der Hand des Königs. Weil die Nachtigall singt, ist sie im Käfig eingesperrt ... Du warst lange genug Zunge, nun werde einmal ganz Ohr! Wie lange willst du wie die Quelle sprudeln (und murmeln)? Wenn du schweigst, wirst du zum Meer. Wer immer in dieses Meer taucht, um Perlen zu fischen, der muß beim Tauchen den Atem anhalten.'"[20]

Nun könnte man sagen: Welche Fülle von Wahrheit muß das Sufitum in sich bergen, wenn nur ein Zehntel von ihr zu Wort werden konnte. Denn tatsächlich existiert doch eine schier unabsehbare sufische Literatur. Eine weithin hoch dichterische übrigens – wie schon die poetischen Bilder des obigen Textes vermuten lassen mögen. Freilich kann man auch wieder sagen: Gerade weil sufische Weisheit sich gern dichterisch zum Ausdruck bringt, bleiben die „neun Zehntel Schweigen" gewahrt. Denn das dichterische Wort ist wie ein Stein, der ins Meer der Seele geworfen wird, wo nur in der Weite einer anfänglich unbewegten, still ruhenden Wasseroberfläche sich die Kreise um den Wurfpunkt bis ins fast Unendliche fortpflanzen können.

Eine ähnliche Funktion haben die aber Tausende von kleinen Geschichten, Anekdoten, Fabeln, Gleichnissen, die die Sufi-Meister zu erzählen pflegen, ohne sie eigens zu kommentieren oder weiter auszudeuten; als sagten sie dabei: Schau – ich

[20] H. Ritter, Das Meer der Seele (s. Anm. 7), a.a.O. S. 153.

werfe dir einen Stein zu – es liegt an dir, ob er etwas in dir wirkt.

Zwei solcher kleiner Geschichten wollen wir auch hier an den Anfang stellen:

„Einer spricht zu einem Manne, der Erde durchsiebt: Mich wundert, daß du etwas suchst, was du nicht verloren hast. Der siebende Mann entgegnet: Noch seltsamer als das, was du gesagt hast, ist, daß ich mich so gräme, wenn ich das nicht finde, was ich nicht verloren habe."

„Eine Mutter weint über dem Grabe ihrer Tochter. Ein Sufi geht vorbei und spricht: Diese Frau ist besser daran als wir. Sie weiß doch, wen sie verloren hat und über die Trennung von wem sie weinen soll. Ich sitze Tag und Nacht in Trauer und weiß doch nicht, über wen ich weine wie die Regenwolke! Ich weiß nicht, wem ich ferne bin."[21]

Aber ist denn nicht der Sufi „Muslim", und zwar ein wirklich gläubiger, frommer? Wie kann ihm Gott „fehlen" – denn daß ER der nie Verlorene und doch so verzweifelt Gesuchte ist, liegt auf der Hand. Gewiß! Nur ist dieser Muslim zugleich ein *Sufi* – hungernd nach Erfahrungen des Göttlichen (nach erfahrbarer Gemeinschaft mit Gott, ja Vereinigung mit Gott), die er im äußeren Gebäude des Islam nicht findet. Auf fünf Säulen ruht nach traditioneller Lehre, wie schon erwähnt, der Islam: Bekenntnis der Einzigkeit Gottes, rituelles Gebet, vorgeschriebenes Almosen, rituelles Fasten, vorgeschriebene Wallfahrt. Auf „lauter Äußerlichkeiten", könnte man sagen. Aber das wäre nicht gerecht. Zwar wird niemandem der Ehrenname „Muslim" abgesprochen, der diese fünf Pflichten nur dem Buchstaben nach erfüllt. Aber *Islam* ist mehr, ist völlige Hingabe an den einzigen Herrn Himmels und Erde, und ein wahrer Muslim ist nur, wer mit seinem ganzen Wesen sich unter den Willen dieses einzigen Herrn beugt, des Allherrschenden und Allgnädigen. Freilich ist Allah so erhaben und das Geschöpf so winzig vor ihm, daß man an eine Beziehung der Nähe oder gar liebender Einigung nicht zu denken wagt. Darum wird weithin jede Form

[21] H. Ritter, a.a.O. S. 153.

der Mystik strikt abgelehnt; man will nichts dulden, was den unendlichen Abstand zwischen Schöpfer und Geschöpf verharmlosen könnte. Der Gedanke schon an „Liebe“ zu Gott jagt den meisten Muslims eher Schauder ein, so als handelte es sich um Gottesfrevel, um Blasphemie. Fremde Beobachter halten darum oft den Islam für eine Religion ohne Liebe zu Gott. Die Moschee sei „reine Mathematik, marmorhelle Kühle, die Transzendenz einer überirdisch schwebenden Ordnung“ (O. Fischer). Die Religion des Propheten sei so fixiert auf die absolute Weltjenseitigkeit des Schöpfers, daß ein warmes Verhältnis des Menschen zu Allah sich in ihr nicht entwickeln könne[22].

Hier wird die Wirklichkeit der spirituellen Welt des Gesamtislam jedoch gewaltig verkürzt. Schon vom 9. Jahrhundert (christlicher Zeitrechnung) an taucht eine große Zahl bedeutender Mystiker auf, die im Herzen des Islam noch eine ganz andere Dimension entdecken, die ihm von Anfang an – von Mohammed her – innewohnte, wenn auch verborgen. Sie zeigten auf, daß der Koran, das heilige Buch des Islam, nicht nur ein Gesetzbuch der äußeren und rituellen Religion sei, sondern eine mystische Innenseite habe. Diese Weisen interpretierten den Koran nicht dogmatisch und schon gar nicht juristisch, sondern lasen ihn mit dem Herzen, entdeckten immer tiefere Schichten in ihm – zwar verschlüsselt, aber entschlüsselbar. Sie fanden heraus, daß der weltjenseitige Herr Himmels und der Erde nicht nur der Welt transzendent, sondern zugleich ihr immanent ist, daß er dem Menschen nah sein kann und nah sein will – ihm innerlicher als sein eigenes Herz; so daß man nicht erst sterben muß, um in den „Himmel“ zu kommen, sondern das Paradies seliger Gottnähe schon mitten im irdischen Leben beginnen kann.

Das aber ist der Kern dieser Mystik, daß der Schöpfer auch in seinen Geschöpfen zu finden ist, schon mitten in der Welt gegenwärtig, daß er nicht nur im „Himmel“, sondern auch in der

---

[22] Thomas Ohm, Die Liebe zu Gott in den nichtchristlichen Religionen, Erich Wevel Verlag, Freiburg i. Br. 1957, S. 307.

Seele des Menschen wohnt. Dem Mystiker geht es also gerade auch um das Jenseitige im Diesseitigen, um das Zukünftige im Gegenwärtigen. Das gilt auch für die christliche, das gilt auch für die jüdische Mystik. Und so ist es kein Wunder, wenn es zwischen islamischer, christlicher und jüdischer Mystik Wechselwirkungen von erstaunlicher Vielfalt gegeben hat. Ein ganzes Netz von Zwischenkanälen verbindet die großen mystischen Ströme, in denen die Wasser hin- und hergeflossen sind. Mystik ist eben eine Angelegenheit der Seele – und die Seele ist letztlich bei allen Menschen gleich, welcher Religion sie auch angehören mögen. Darum sind auch die Hemmnisse und Schwierigkeiten des Menschen auf der Suche nach dem, was er nie „verloren" hatte, mehr oder weniger dieselben. Das Göttliche ist dem Menschen inne – aber es wird ihm absonderlich schwer, dessen „innezuwerden". Es liegt nicht an der Sonne, wenn der Blinde nichts sieht. Das Göttliche Licht *leuchtet,* aber den „Verblendeten" kann es nicht erleuchten.

Sanai von Afghanistan, ein Sufi-Meister des 12. Jahrhunderts, hat gesagt (und er würde es heute zweifellos genauso gesagt haben): „Die Menschheit schläft. Sie beschäftigt sich allein mit Nutzlosem, sie lebt in einer falschen Welt." Der ganze Nachdruck dieser Aussage liegt in der Verallgemeinerung. Sanai behauptet eben nicht nur, daß es Menschen gibt, die in einer Scheinwelt leben und ihre Zeit mit Dingen zubringen, die es nicht verdienen. Er erklärt vielmehr: *so* ist der Mensch nun einmal – er lebt in einer Traumwelt von Scheinwerten, statt endlich wach zu werden und seine eigentliche Bestimmung zu erkennen.

Sanai fährt fort: „Triffst du Menschen, die den Pfad (sufischer Weisheit) gehen, so schwatze nicht, sondern verzehre dein Ich. Stehst du (nämlich) in Beziehung zur Wirklichkeit auf dem Kopf, dann ist auch dein ganzes Wissen und deine Religion verkehrt. Der Mensch verstrickt sich selbst in sein Netz. Der Löwe dagegen (das ist der Mensch auf dem ‚Pfad') sprengt seinen Käfig."[23]

---

[23] Zitiert nach Idries Shah, Die Sufis, Eugen Diederichs Verlag Düsseldorf – Köln 1976, S. 6.

Hier sind mehrere Bilder miteinander verwoben. Die Menschen stehen auf dem Kopf, sehen darum alles verkehrt herum, denken und glauben sogar verkehrt. Jeder ist verstrickt in ein Netz, gefangen in einem Käfig. Das Übel liegt beim egohaften Ich: darum sieht man alles aus der falschen, der ichhaften Perspektive. Das Ich müßte verzehrt werden. Doch wie kommt man gegen dieses ego-versessene Ich an? Man hat die Chance dazu, wenn man auf einen Menschen des „Pfades" stößt. Damit ist nicht irgendwer gemeint, der selbst versucht, ihn zu gehen, sondern einer, der auf diesem Pfad *führen* kann. Das ist der „Meister des Weges": Schlüsselfigur auf dem Sufi-Pfad. Scheich heißt er oder auch Mursheid; im persischen Sprachbereich nennt man ihn Pir.

Es ist alte sufische Überzeugung, daß niemand ohne einen Meister, der ihn führt, auf dem mystischen Pfad vorankommen kann. In dem Sufischüler, dem Murid, ist zwar keimhaft bereits angelegt, was aus ihm werden soll – aber unentwickelt noch wie ein Küken im Ei. Und hat man je schon gehört, fragen die Meister mit leichtem Spott, daß ein Küken sich selbst ausbrütet? Auch ist die Unterordnung unter den Meister Teil der Methode. Denn dem aufgeblähten Ich muß die Luft abgelassen werden – und das wirksamste Instrument dafür ist der Gehorsam.

Gewiß: auch Askese in ihren üblichen Formen ist kein zu verachtendes Mittel. Besitzverzicht – Fasten – geschlechtliche Enthaltsamkeit: das alles nagt am Ich und an seinem Trieb, sich selbst zu behaupten und auf Kosten anderer durchzusetzen. Die frühen Sufis des 9. und 10. Jahrhunderts waren meist gewaltige Asketen. Das schwingt übrigens noch im Ausdruck „Sufi" nach. Das Wort kommt von „suf", „Wolle" – und Wolle trug der Asket. Das verstehen wir heute nicht so ohne weiteres, ist doch für uns heute „Reine Wolle" schon fast ein Luxusartikel. Aber damals galt das haarige, härene Gewand aus Wolle als Kleid der Allerärmsten, die sich die begehrten hautschmeichelnden feineren Stoffe nicht leisten konnten. Die Armen, die Sklaven, die Sträflinge trugen Wolle, weil ihnen nichts anderes übrigblieb. Büßer, Propheten, Asketen trugen Wolle aus freier

Wahl als Zeichen der Absage an die „Annehmlichkeiten" der Welt.

Doch Askese allein bringt den Menschen nie zu seinem mystischen Ziel; sie kann ihn sogar in Sackgassen führen. Die Gefahr besteht, daß einer stolz wird auf seine großartigen Verzichtleistungen, sich besser dünkt als die „Genießer". Und schon hätte das Ich, dem er die Luft ablassen wollte durch seine Askese, sich von neuem wieder gewaltig aufgepumpt. „Notwendig ist der Scheich schon deshalb", so beschreibt Richard Gramlich die Überzeugungen der Sufis, „weil die Seele auch bei strengster Askese nicht sich selber erziehen kann; sie kann ihre hochfahrende Art nur ablegen, wenn sie von sich selbst loskommt und sich einem andern unterwirft. Es ist tausendmal besser, einem anderen zu unterstehen als sich selber; darum kann der Novize, der irrtümlicherweise einem Scharlatan in die Hände fällt, unter seiner Leitung mystische Stufen erreichen, von denen dieser Betrüger nicht einmal im Traum etwas erahnt. Lieber – so sagte man – einen abessinischen Sklaven oder eine Katze über sich verfügen lassen als eigenmächtig handeln." [24]

Wir stehen hier in einem ganz anderen Problemfeld, als wir bei dem Reizwort „Gehorsam", „Unterordnung" erwarten mögen. Die Frage nach der Mündigkeit, nach den Voraussetzungen einer authentischen Gewissensentscheidung, wird hier offenbar gar nicht gestellt. Hier lautet das Thema: Wie kann der Mensch seine Ego-Verhärtungen überwinden, die ihn untauglich machen für Erfahrungen des Göttlichen? Und die Antwort lautet: Zuerst und vor allem muß alle menschliche Selbstmächtigkeit abgebaut werden. Niemand kann sich selbst erleuchten – erleuchtet muß man werden! Was dabei über den Gehorsam gesagt wird, ist freilich nicht „modern", und viele mögen es anstößig finden. Aber bedeutet das schon, daß es heute nicht mehr gültig sein kann? Es geht hier um eine sehr alte spirituelle Weisheit, die wir in den Schüler-Meister-Beziehungen überall auf der Welt widergespiegelt finden. Gehorsam gegen den

---

[24] Richard Gramlich, Die schiitischen Derwischorden Persiens, II. Teil: Glaube und Lehre, Kommissionsverlag Franz Steiner, Wiesbaden 1976, S. 231.

Scheich ist auch heute noch die geistig-geistliche Grundlage jener Sufi-Orden, deren Glaube und Lehre Richard Gramlich in seinem Werk über „Die schiitischen Derwischorden Persiens" dargestellt hat.

„Derwisch", das ist der Angehörige eines Sufi-Ordens (auf arabisch Fakir genannt). Unter den Sufi-Orden herrscht eine ähnlich bunte Mannigfaltigkeit wie unter den Orden und ordensähnlichen Gemeinschaften der christlichen Welt. So gibt es auch zwischen „Derwisch" und „Derwisch" gewaltige Unterschiede. Der eine lebt in streng klösterlicher Gemeinschaft; der andere zieht als Bettelmönch durchs Land. Es gibt Gruppierungen von fast monastischem Zuschnitt; andere haben mehr die Struktur eines Dritten Ordens, einer bloßen Bruderschaft oder eines Männerbundes. Auch spirituell sind die verschiedensten Richtungen vertreten: von den streng asketischen bis zu den ekstatischen. In einem Punkt aber stimmen die verschiedenen Gruppen weitgehend überein: das „Gottgedenken" wird als der zentrale Nerv der sufischen Methode betrachtet – als jenes Mittel, das am sichersten zur Erfahrung des Göttlichen führt. „Dikr" heißt dieses Gottgedenken bei den Sufis. Es gehört zur sufischen Mystik, ja gilt geradezu (wie Gramlich sagt) als „Universalmittel, als kürzester Weg zu Gott". Es ist durch keinerlei asketische Bemühungen ersetzbar. „Dikr" ist nach den Sufis „die Hauptstütze des mystischen Weges". Keiner komme zu Gott, es sei denn durch anhaltendes Gottgedenken[25].

Das Gottgedenken ist der genaue Gegenpol zu jener Gedankenlosigkeit und Gleichgültigkeit, mit der die Menschen gemeinhin in den Tag hineinleben – und als Folge davon zwischen „wichtig" und „unwichtig" nicht mehr zu unterscheiden wissen. Darum verhält sich das Gottgedenken zum leichtsinnigen Dahinleben wie Wachen zum Schlafen, wie Leben zum Totsein. Das Gottgedenken ist ein spiritueller Schulungsweg mit vielen Stationen. Auf der untersten Stufe fängt der Jünger damit an, einen der heiligen Gottesnamen sozusagen rein äußerlich und

---

[25] R. Gramlich, a.a.O. S. 378.

mechanisch zu wiederholen: das ist „das Gottgedenken der Zunge“. Allmählich wird dieses Gottgedenken immer mehr „vergeistigt“, und aus dem Zungendikr wird der Herzensdikr. Das Gottgedenken des Herzens hat wiederum eine Reihe von Stufen. Doch entspricht der zunehmenden Verinnerlichung eine zunehmende Sichtbarwerdung. Je mehr das innerste Herz ganz in den Bann des Gottgedenkens gerät, um so mehr fließt dieses in alle Organe und Glieder des menschlichen Leibes über – und kommt so auch der Mitwelt zugute, in der der Sufi lebt.

Wie es ein Sufi-Meister unserer Zeit dem Sufi-Forscher Richard Gramlich gegenüber formuliert hat:

„Das Wort dikr bedeutet Gedenken, nicht lautes Gezeter mit der Zunge. Wenn wir Leute des Gedenkens sind, das heißt ständig Gott und die Wirklichkeit im Sinn haben, üben wir ständig anhaltendes Gottgedenken. Jedes Glied des Leibes hat sein eigenes Gottgedenken. Das Gottgedenken des Herzens ist der sinnende Gedanke an den Geliebten. Das Gottgedenken der Augen ist das Schauen der Spuren der Schöpfung und der Macht Gottes. Das Gottgedenken der Ohren ist das Hören der Eigenschaften des Freundes und das Nichthören auf Belanglosigkeiten. Das Gottgedenken der Hände ist die Handreichung für einen Niedergefallenen. Das Gottgedenken der Füße ist das Gehen auf einem Weg, den man nur um der Wirklichkeit willen beschreitet, z. B. wenn man zu einem Kranken auf Besuch oder einem Freund zu Hilfe kommt.[26]

In diesem unaufhörlichen Gottgedenken hat sogar der Protest, ja die Rebellion ihren legitimen Platz. Die Sufis haben dafür eine wunderbare Hilfsfigur erfunden: den Narren. So wie in alten Zeiten am Königshof wenigstens *einer* unumwunden alles aussprechen durfte, was manch einem durch den Kopf schoß oder das Herz beschwerte – so gibt es eine Narrenfreiheit auch in den Kreisen der Sufis. Man wundert sich, was für gottlose Reden da manchmal geduldet werden. Zwar weiß jeder, der die menschliche Seele kennt, wie auch die Zumutungen des Glau-

---

[26] R. Gramlich, a. a. O. S. 384.

bens an einen allmächtigen und allbarmherzigen Gott, daß auch im Herzen der Gottergebenen, der „Muslims", sich rebellische Gefühle rühren können. Aber gemeinhin wagen die Frommen es nicht, solche Gefühle sich einzugestehen. Für die Sufis gilt: Nur heraus damit! Unterdrückte Gefühle vergiften die Seele. Da ist es schon besser, du verbrennst dir vor Gott mal gehörig das Maul. Und so kommen diese merkwürdigen Sufi-Geschichten mit ihren gotteslästerlichen Reden zustande.

Ein paar Beispiele:

„Einer fragt einen Irren, ob er Gott kenne. Der Irre antwortet: Wie sollte ich Ihn nicht kennen! Durch Ihn bin ich doch ins Elend geraten! Aus der Heimat hat Er mich vertrieben, von meiner Verwandtschaft hat Er mich getrennt. Er hat mir den Verstand weggenommen und mich einsam und verlassen gemacht."

„Ein Narr, der in der Steppe lebt, kommt manchmal in die Stadt und betrachtet sich dann sprachlos das Gewimmel der Menschen, die zu irgendwelchen Zwecken hin und her laufen. Wenn er sich daran satt gesehen hat, geht er wieder fort und sagt: O weh, o weh über diese (leeren) Säcke und den Sackmacher. Es gibt schon so viele Säcke, und Er bringt immer noch welche her!"

„In Ägypten bricht eine Hungersnot aus, die Menschen fressen sich gegenseitig auf. Ein Narr sieht das große Sterben und ruft gen Himmel: Wenn du nicht so viele Leute ernähren kannst, so erschaffe doch weniger." [27]

Der Witz dieser Geschichten ist, daß der Hörer unwillkürlich zustimmen muß – und doch mit einer Art Erschrecken denkt: Darf denn ein Geschöpf so zu seinem Schöpfer sprechen? Die Sufis sagen: Natürlich ist einer ein Narr, wenn er so denkt und redet, aber er ist immerhin ein Gottes-Narr: Was immer er sieht und erlebt – für ihn ist dabei immer Gott „im Spiel", er kann überhaupt nichts mehr denken ohne „Gottgedenken".

Im Sufitum ist immer die tatsächliche seelisch-geistige Verfassung des Jüngernovizen jeweiliges „Startloch" der geistigen

---

[27] H. Ritter, a.a.O. S. 170ff.

Kampfbahn. Nie wird etwas vorausgesetzt – weder geistig noch geistlich –, wozu der Schüler noch nicht erwacht, wozu er noch nicht herangereift ist. Und die Geschichte zeigt, daß die Sufi-Meister in den Seelen zu lesen verstehen, als wären sie wie ein offenes Buch vor ihnen aufgeblättert – daß sie auf geradezu unübertreffliche Weise in den bewußten und unbewußten Schichten der Seele des Jüngers sich auskennen – daß es in diesem Seelendschungel nichts gibt, was sie nicht positiv in den Erziehungsprozeß mit einzubauen verstünden.

Es ist ein langwieriger Prozeß. Der Weg zur Erleuchtung hat viele Stationen. Wer ihn gehen will, bedarf eines Führers. Aus vielerlei Gründen! In den Schriften der Derwische werden vor allem zehn Punkte genannt:

„Der mystische Wanderer kennt den Weg nicht. Er gleicht einem Blinden, der durch eine endlose Wüste ziehen will. Ohne Führer kann er es nicht.

Zahlreiche Straßenräuber – weltlicher Tand, die Triebseele, Teufel usw. – lauern ihm auf. Er braucht einen schützenden Begleiter.

Er begegnet vielen Gefahren für seine Rechtgläubigkeit. Der Scheich kann ihm darüber hinweghelfen.

Der Novize ist auf dem ganzen Wege zahlreichen Heimsuchungen und Prüfungen ausgesetzt, die ihn entmutigen, so daß er oft stehenbleibt und nachlässigt wird. Er ist darauf angewiesen, daß ein Kenner des Weges ihn ständig neu aneifert.

Mancherlei Krankheiten befallen die Seele des Wanderers, durch die er die Lust am Vorwärtsstreben verliert. Nur ein erfahrener Seelenarzt kann Heilung bringen.

Auf den höheren Stufen mystischer Erfahrung ist er der Gefahr der Überheblichkeit und der Häresie ausgesetzt. Nur der Scheich kann ihn darüber belehren und ihn davor retten. Der Mystiker braucht einen Meister, der seine visionären Erlebnisse deuten kann.

Der Weg ist weit, ein Menschenleben reicht nicht aus, um im gewöhnlichen Gang ans Ziel zu kommen. Manche Standplätze müssen in Eile durchflogen werden, der Novize aber kann nur langsam vorankommen wie eine Ameise. Der Scheich muß ihn unter seine Fittiche nehmen und dem Ziel entgegeneilen.

Das Gottgedenken, ein vorzügliches Mittel auf dem mystischen Weg, ist nur dann voll wirksam, wenn es von einem Scheich eingepflanzt wurde.

Der Novize kann nicht in die Nähe Gottes kommen ohne die Fürsprache eines Scheichs, der Gott nahesteht, wie man auch zu irdischen Königen nur durch die Vermittlung eines Großen aus ihrer Umgebung Zugang finden kann.“[28]

Ja – der Weg ist weit. Freilich nicht für alle! Es gibt Begnadete, die diesen Weg nicht mühsam unter die Füße nehmen müssen, sondern seine ganze Distanz gleichsam im Flug überwinden. Man nennt sie die „Hinangezogenen“ im Unterschied zu den „Schreitenden“. „Auf seinem Weg zu Gott kann der Sufi sich mehr aktiv oder mehr passiv verhalten; er muß nach einer beliebten Ausdrucksweise der persischen Derwische, entweder durch eigenes Bemühen vorankommen oder sich dem göttlichen Ziehen überlassen. Dem göttlichen Ziehen geben die Derwische den Vorrang“ und berufen sich dafür auf einen Spruch des Propheten[29]. Der Mystiker und Dichter Rumi sagt von den „Hinangezogenen“ – und der scheinbare Tadel birgt höchste Bewunderung –: Sie „sind die faulsten Leute von beiden Welten, denn sie ernten, ohne zu pflügen. Sie haben die Faulheit zu ihrer Stütze gemacht, weil Gott ihre Arbeit verrichtet.“[30]

Gott hat viele Mittel, um den Menschen an sich zu ziehen. Eins seiner unwiderstehlichsten ist die Macht der Schönheit. Die traditionell-orthodoxe Lehre des Islam kennt keinen „ästhetischen Gottesbeweis“ (sowenig wie die traditionelle christliche Lehre). Aber für die Sufis ist Schönheit einer der grundlegenden Gottesbeweise: Alles Ewige auf Erden bezeugt die Ewige Schönheit, bezeugt Gott. Und der Künstler, der Schönes schafft, erschafft – wie die Sufis sagen – Zeugen des Urschönen, Zeugen Gottes. Ein islamisches Land gibt es, dessen Kunst

[28] R. Gramlich, a.a.O. S. 232.
[29] R. Gramlich, a.a.O. S. 189.
[30] Zitiert nach R. Gramlich, a.a.O. S. 189 Anm. 997.

ganz aus diesem mystischen Geist geboren worden ist: Persien. Nicht zufällig ist Persien für Goethe das Land der Dichter schlechthin: Hafis, der größte unter ihnen, ist im „West-östlichen Divan" das geheimnisvolle Zwillings-Ich Goethes. Persiens Dichtung aber ist die schwellend-prangende Frucht am Baum sufischen Lebens. Persiens Dichter waren islamische Mystiker, und Persiens Mystiker wurden die größten Dichter des Landes – so daß man sagen kann: Persiens Poesie ist aus der sufischen Mystik geboren.

Auch im Bereich der Malerei und Architektur ist Persiens Kunst aus diesem sufischen Entzücken an der göttlichen Schönheit entsprungen. Hier, im Iran, ging man dazu über, die Fassaden der Moscheen mit farbigen Keramikfliesen zu verkleiden und dadurch ihre herkömmliche „marmorne Kühle" vergessen zu lassen. Man kann das in dem großen Herder-Bildband „Islamische Kunst" verfolgen. Der Autor, Alexandre Papadopoulo, schreibt dazu: „Diese luxuriöse farbige Haut besitzt einen Sinn für sich, der den Symbolismus der Moschee abändert ... Die erhabene weiße Moschee zeigte uns, daß wir auf der Erde inmitten der Wüste sind. Sie war höchstens eine Oase, die uns zu mehr Anstrengung und mehr Meditation antrieb, damit wir im künftigen Leben ein fernes Paradies ... erwürben. Aber diese harmonische, außen und innen blaue Wirklichkeit ist bereits ein Vorgeschmack des Paradieses auf Erden, Heil und Glückseligkeit, deren Köstlichkeit man nach den Gesängen der Mystiker schon jetzt spüren kann. Die Sufis glauben an den ästhetischen Gottesbeweis. Jeder schöne Gegenstand, eine Rose, ein Gedicht, eine Malerei und eine Moschee wird Zeuge ... der absoluten Schönheit, das heißt Gottes."[31]

Aber ist denn die Welt nur „schön", wie etwa die persischen Miniaturen glauben machen? Sie wollen es *glauben* machen – im wörtlichen Sinn. Auch die Mystiker kennen das Häßliche und Gräßliche, das Widersinnige und Chaotische – die Welt eben, wie sie sich der unmittelbaren Erfahrung darbietet. Nur

---

[31] Alexandre Papadopoulo, Islamische Kunst, Deutsche Ausgabe im Verlag Herder Freiburg i.Br. 1977, S.271.

geht die „Empirie“ der Sufis darüber hinaus, in eine umfassende Dimension hinein, in der aller augenfällige Un-Sinn von einer verborgenen Sinn-Ordnung umfangen ist; eine Dimension freilich, die nur der Erleuchtete wahrnimmt. Durch die Schönheit der Farben und Formen bringt der Maler diese verborgene Dimension zum Er-Scheinen. Vor allem aber durch eine geheime Sinn-Linie, die durch die Gesichter und Hände aller dargestellten Personen durchgeht! Zieht man sie nach, so ergibt sich immer wieder die Ewige Spirale. Die Spirale ist Symbol alles Lebens und der ganzen Welt unter dem Aspekt göttlicher Ordnung, göttlichen Sinnes. So wie die Himmelskreise sich zur Erde hin verengen, was mathematisch die Kurve der Spirale ergibt, so symbolisiert die Spirale auch jene „schraubenförmige Bewegung“ (so der christliche Mystiker Pseudo-Dionysios), die von Gott zur Seele herabgeht und von der Seele wieder zu Gott hinaufsteigt. Eine Himmels-Mystik, die im Orden der Tanzenden Derwische durch tänzerische Figuren dargestellt wird.

„Möge der, der die Herrlichkeit Gottes betrachten will, eine rote Rose anschauen“, sagte der Mystiker al-Wasiti[32]. Das Entzücken am Schönen wird zum Entzücken über Gott. Und die Liebe zum Schönen geht über in die Liebe zu Gott. Wie die Schönheit der Rose durchsichtig ist auf Gottes Schönheit hin, so die Glut des Eros durchlässig für die Glut der Liebe zwischen Schöpfer und Geschöpf. Das ist keine sufische Erfindung; überall in der Mystik stoßen wir auf diese Zusammenhänge – in einem unübersehbaren Dokument sogar in der Bibel selbst: im alttestamentlichen „Lied der Lieder“, dem „Hohenlied“. Aber persische Maler und persische Dichter haben dieses Thema mit äußerster Konsequenz durchgeführt. Scheinbar (in der Dimension der Phänomene) geht es um rein erotische Liebe – auch um die gleichgeschlechtliche. Aber immer ist dieser Eros als Symbol gemeint: Symbol einer letzten Wirklichkeit, Symbol der Liebe zwischen Mensch und Gott. „Daran erinnert Nicholson, indem er Nabulusi zitiert: ‚In jeder erotischen Be-

[32] Zitiert nach A. Papadopoulo, a.a.O. S. 129.

schreibung, möge deren Objekt männlich oder weiblich sein, und in der ganzen Bilderwelt von Gärten, Blumen, Flüssen, Vögeln und ähnlichem bezieht ... der mystische Dichter sich auf die Göttliche Wirklichkeit, die sich in den Phänomenen ausdrückt, und nicht auf die Phänomene selbst.'"[33]

Denn *Liebe* ist und bleibt der Königsweg der Mystik, und keine noch so strenge Askese wird jemals die Ego-Verhärtungen der Seele (das gottwiderständige Ich) so organisch und restlos aufschmelzen wie die Hingerissenheit des Liebenden. Das ist das Thema eines berühmten Gedichtes von Rumi, dem Mystiker-Dichter – in der nicht minder berühmten Nachdichtung von Friedrich Rückert:

Wohl endet Tod des Lebens Not,
Doch schauert Leben vor dem Tod.
Das Leben sieht die dunkle Hand,
Den hellen Kelch nicht, den sie bot.
So schauert vor der Lieb ein Herz,
Als wie von Untergang bedroht.
Denn wo die Lieb erwachet, stirbt
Das Ich, der dunkele Despot.
Du laß ihn sterben in der Nacht,
Und atme frei im Morgenrot.

---

[33] A. Papadopoulo, a. a. O. S. 128.

Angelhaken im Zeitenmeer

– Der jüdische Zaddik –

Zaddik heißt wörtlich „der Gerechte“. Wir wundern uns vielleicht, daß im Judentum die Erfahrung des Göttlichen im Lauf der Zeit immer mehr ausgerechnet mit der Gestalt des Gerechten verbunden wird. Gerechtigkeit? Gut und schön! Aber es kommt uns abwegig vor, darin einen Gipfel des spirituellen oder gar mystischen Leben zu sehen. In der Tat: die Rolle des Zaddik läßt sich nur auf dem Hintergrund der Tora verstehen – auf dem Hintergrund der Funktion, die das göttliche GESETZ, die offenbarte WEISUNG, für die gesamte geistige und religiöse Existenz des Judentums hat[34]. Im Jahre 70 nach Christus wurde Israels nationale Existenz vernichtet: der Tempel sank in Asche, Jerusalem wurde zerstört, das Land verwüstet. Hätte das nicht das Ende der jüdischen Religion bedeuten müssen? Aber Judentum als Religion existiert heute noch. Die Tora genügte zum Überleben: sie erwies sich als das eigentliche Rückgrat des jüdischen Glaubens.

Insofern war es eine Sternstunde in der spirituellen Geschichte der Judenheit, als Rabbi Jochanan ben Sakkai an Vespasian, den Belagerer Jerusalems, seine später so berühmt gewordene Bitte richtete. Er hatte sich als „Leiche“ aus der belagerten Stadt schmuggeln lassen, um auf diese abenteuerliche Weise ins Lager des römischen Feldherrn gelangen zu können. Bei Vespasian fand er ein geneigtes Ohr – vielleicht war der Römer besonders guter Laune, war doch bereits durch-

---

[34] Vgl. dazu in der Reihe „Texte zum Nachdenken“ unser Bändchen „Weisung in Freude – Aus der jüdischen Überlieferung“, Herderbücherei, ²1978. – Die auf den einleitenden Seiten zur Meisterfigur des Zaddik skizzierten Gedanken wurden in „Weisung in Freude“ breiter entwickelt und textlich fundiert.

gesickert, Vespasian werde der kommende Kaiser sein. Jochanan wurde später von seinen Landsleuten vorgeworfen, er hätte die Gunst der Stunde besser nutzen und vor allem die Verschonung Jerusalems erbitten sollen. Aber offenbar hatte der Rabbi eine andere Vorstellung, worauf es in dieser tödlichen Krise seines Volkes am meisten ankomme! „Gib mir Jawne und seine Gelehrten", bat er den Feldherrn. In Jawne nämlich war das Lehrhaus, Zentrum des Torastudiums. Vespasian gewährte die Bitte – erstaunt, daß dieser Jude mit seinem spektakulären, ja lebensgefährlichen Unternehmen nicht Wichtigeres im Sinn hatte als die Rettung einer „Schule". Weder der Krieger in ihm noch der Politiker witterte etwas von der epochalen Bedeutung dieser Entscheidung – daß sie nämlich das schwache Judentum instand setzen würde, „das kraftstrotzende, eherne Römertum um Jahrtausende zu überleben" (Graetz)[35].

Zur Not ging es auch ohne Tempel und Opferkult – aber nicht ohne Tora! Und als Jude leben konnte man notfalls auch ohne Priester, nicht aber ohne den, der das Gesetz lehrt (den Rabbi), und den, der nach dem Gesetz lebt (den Zaddik)! Wobei man Lehre und leben nicht auseinanderreißen darf! Mit Nachdruck betonten die Rabbinen: Wer die Tora studiert, ohne nach ihr zu leben, ist wie ein Mann, der ein großes Haustor errichtet – aber überhaupt kein Haus besitzt! Wahrheit wird nur erkannt, indem man sie tut!

Diese vollkommene Einheit von „Praxis und Theorie" ist wesentlich für den biblischen Wahrheitsbegriff (bis hin zu den neutestamentlichen Schriften!). Ja der Praxischarakter der Wahrheit ist für das jüdische Offenbarungsverständnis so entscheidend, daß der ganze erste Teil der Bibel Tora genannt wird. Tora ist die Bezeichnung für die Fünf Bücher Mose, die ja nicht nur von der Gesetzgebung am Sinai handeln, sondern auch von Weltschöpfung und Urgeschichte, vom Leben der Urväter, von der Rettung aus Ägypten und dem vierzigjährigen

---

[35] Leo Prijs, Die jüdische Religion – Eine Einführung, Verlag J. Pfeiffer, München 1977, S. 10.

Zug durch die Wüste. Alles das gehört mit zur „Tora“. Die Darstellung der Weltenschöpfung zum Beispiel in ihrer abgründigen Symbolik soll nicht der Neugier irgendwelche Kuriositäten darbieten: sie offenbart dem Menschen seine Stelle und Rolle im Schöpfungsganzen und die daraus folgende Verantwortung. Oder die Geschichte von der Errettung aus Ägypten: sie will nicht etwa der völkischen Eitelkeit Israels schmeicheln, sondern zielt auf die Offenbarung der Tora am Sinai. Die Erschließung des inneren Zusammenhangs von Erde und Himmel, von Gott und Welt, von Ewigkeit und Zeit, von Geschichte und Gottesreich enthält die Grundprinzipien jüdischer Lehre wie jüdischer Ethik. Man erkennt erst wirklich, wenn man auch entsprechend handelt. Höchste Erleuchtung wird dem nur Meditierenden nicht zuteil. Wer die Wahrheit *tut*, dem wird ihr Licht erglänzen; erst in den Taten der „Gerechten“ kommt die himmlische Offenbarung an ihr Ziel. Im Leben des Zaddik wird der „Buchstabe“ „Geist“.

Die Tora ist gleichsam Urkunde und Siegel darauf, daß Himmel und Erde untrennbar zusammengehören: sie stellt die Verbindung her zwischen der strudelnd dahinschießenden Zeit und dem bleibenden Grund der Ewigkeit, zwischen dem kleinen Menschenleben und dem Gesamtzusammenhang der Schöpfung. Daß Himmel und Erde in einer geheimnisvollen Entsprechung zueinander stehen, untrennbar zusammengehören, ein einziges Ganzes sind: das ist der Kern der Tora. Man kann die Erde nicht aus sich selbst verstehen: ihr Wesen, ihr Sinn entschlüsseln sich erst aus dem Gesamtzusammenhang der Wirklichkeit. Und nichts hat man vom Menschen begriffen, von seiner eigentlichen Bestimmung, solange man nur seine sichtbare Seite (das historisch Faßbare an ihm) betrachtet. Die Tora, die das Geheimnis von Himmel und Erde in sich birgt, bietet die Buchstaben dar, die man braucht, um die ganze Wirklichkeit zu entziffern – die volle Wirklichkeit der Welt, des Lebens, der Geschichte. Aber das pure Lesen nutzt nichts. Zur Tora gehört der Zaddik, zum Gesetz der Gerechte, der danach lebt. Die Heilsfunktion der Heiligen Schrift ist daran geknüpft, daß sie *Leben* wird. Daher die uralte mystische Überzeugung, daß die

„Gerechten“ die Welt tragen – daß ohne den Zaddik die Welt nicht bestehen kann.

Immerzu droht nämlich die Gefahr, in der zeit-räumlichen Existenz völlig aufzugehen, in den Strudeln des Nur-Zeitbedingten unterzugehen, ein-dimensional zu leben, als gäbe es nur die irdische Daseinsebene mit ihren Kausalzusammenhängen. Kein Wunder, wenn der Mensch sich ungeborgen und ausgesetzt fühlt, hinausgestoßen in einen Ozean sinnlos waltender Elemente.

„Wasser“, „Meer“ ist denn auch ein altes biblisches Symbol für die Zeitenwelt – für die irdische Existenz unter den Bedingungen des Zeit-Räumlichen. Da ist die Tora wie ein Rettungsanker oder (in einem anderen Bild) wie ein Netz, in dem die Fische aus dem Meer des nur Zeit-Räumlichen herausgefischt werden. Sollte vielleicht schon das Wort Zaddik in seinem ersten Buchstaben auf eine entsprechende Funktion des Gerechten hinweisen? Mit dieser Frage geraten wir auf das Feld jener Buchstaben- und Zahlensymbolik, die schon in der ältesten jüdischen Tradition als Instrument diente, um verborgenste Zusammenhänge aufzudecken (in der Bibel Alten wie Neuen Testaments finden wir immer wieder Spuren davon). Friedrich Weinreb hat in einer Reihe von Büchern für Menschen unserer Zeit diese alten Überlieferungen so aufgeschlüsselt, daß der heutige Mensch darin verständliche Antworten auf die ihn bedrängenden Existenzfragen finden kann. Was Weinreb zu „Zaddik“ sagt, wirft ein neues Licht auch auf die Berufung der Apostel zu „Menschenfischern“:

„Das Wort ‚Zaddik‘ sehen wir in einem etymologischen Zusammenhang mit dem Wort ‚Zade‘. Zade ist ein hebräischer Buchstabe, bedeutet aber zugleich (alle Buchstaben haben bei uns einen Namen) ‚Fischerhaken‘. Der Zaddik ist, so könnte man sagen, ein Fischer. Fischer in dem Sinn, daß er aus Zeit und Raum herausfischt – daß er also den Menschen herauslöst aus Vorstellungen und Verhaltensweisen, die ausschließlich durch das Zeit-Räumliche bedingt sind. Er erlöst sie aus der *Gefangenschaft* im Zeit-Räumlichen. Das kann man *zeigen* – daran, daß immer wieder im Leben des Zaddik und im Kontakt mit ihm Wunder geschehen. Das Leben außerhalb der Wasser des Zeit-Räumlichen (dort, wo der Zwang des Zeit-Räumlichen nicht herrscht) ist voller Wunder. Hier ist Wunder sogar das Normale, denn hier ist man außerhalb jenes kausalen Zwanges, der uns denken läßt: nach *dieser* Ursache muß nun die und die Wirkung kommen!"[36]

Dort, wo der Zaddik ist, geschehen noch Zeichen und Wunder – wie im Umkreis des christlichen oder islamischen Heiligen auch. Damit sind nicht beliebige Mirakel gemeint. Haben wir keine Sorge, daß hier der menschliche Verstand beleidigt und ihm zugemutet würde, etwas Vernunftwidriges, Unlogisches zu glauben. Das sogenannte Wunder ist nicht seinem Kern nach a-kausal, als geschähe da etwas, was überhaupt keine Ursache hätte. Nur ist beim Wunder die Wurzel des Geschehens nicht in unserer Erfahrungswelt zu finden – sie muß in anderen Dimensionen gesucht werden: dort, wo Freiheit herrscht und darum Gnade mächtig werden kann. In jener anderen Welt ist der Zaddik (wie der „Heilige" überhaupt) nicht weniger zu Hause als in dieser Welt; er ist wie ein Kanal, durch den die Kräfte der „oberen" der „unteren" Welt zuströmen.

Und das soll auf jeden „Gerechten" zutreffen? Der jüdische Begriff „Zaddik" ist genauso vielschichtig wie der des christlichen Heiligen. Unbekümmert werden im Neuen Testament alle, die sich zu Christus halten, „Heilige" genannt (und ihrer Bestimmung, ihrer Berufung, ihrer *Anlage* nach sind sie es ja auch). Trotzdem stellen wir uns etwas anderes darunter vor, wenn auf eine bestimmte Gestalt der christlichen Vergangenheit hingewiesen wird unter der betonten Titulierung, er sei ein „Heiliger" gewesen. So kann man auch jeden Juden, der sich treulich ans Gesetz hält, einen „Zaddik" nennen. Und doch gibt es in der spirituellen Tradition noch eine andere, geheimnisumwitterte Gestalt: die des „verborgenen Zaddik". Kann man sie konkreter bestimmen? Nach Weinreb läßt sich nicht in allgemeingültigen Definitionen umschreiben, wer in diesem Sinn ein „Zaddik" ist:

---

[36] Friedrich Weinreb in einem Rundfunkgespräch mit Thomas Sartory.

„Wichtig ist, daß er überhaupt nicht anders zu sein scheint als andere Menschen. Er kleidet sich nicht anders, verhält sich nach außen hin nicht anders. Finge er auf demonstrative Weise an, ‚anders' zu sein, wäre er schon kein Zaddik mehr, sondern nur ein Heuchler, ein Wichtigtuer. Viele Zaddikim waren Handwerker, Schneider, Schuster – und übten ihren Beruf auch aus. Andere gab es, die einfach ‚lernten' (wie die Juden sagen), studierten (die Schriften, die Heilige Lehre) und in aller Stille Gutes taten. Das Spektrum hat kein Ende. Überall kann einer ‚Zaddik' sein; das ist ja kein ‚Beruf'. Sobald einer sich selbst für einen Zaddik hält, ist die Gefahr groß, daß er nichts von einem Zaddik hat. Es ist sogar schon gefährlich, wenn andere allzuoft über einen Menschen sagen, er sei wohl ein ‚Zaddik'. Das bedeutet: das *Fundament* soll verborgen bleiben, denn ein Zaddik kann nur wirken (und das ist das Entscheidende an ihm), weil er aus seiner Verbindung mit der verborgenen Welt handelt. Nur von dort her wirkt er. Die Welt des Verborgenen ist in ihm mächtig. Darum darf er nicht ‚bekannt' sein. – Würde ein Zaddik sagen (nehmen wir das mal hypothetisch an): Ich bin doch eigentlich ein ganz Guter – dann wäre es schon aus mit ihm. Er muß überzeugt sein, innerlich überzeugt, daß es lächerlich wäre, wollte er so etwas von sich sagen. Nicht daß er sich schrecklich sündig fühlen muß! Aber gerade als Zaddik fühlt er: ‚Der Weg ist noch so weit, noch ewig weit! Was bin ich schon? Das kleine Stückchen Weges, das ich gegangen bin! Auf dem Weg erst sah ich, wie vieles ich nicht weiß, was alles ich nicht kann!' – Das macht ihn sehr bescheiden – ‚Verborgen' auch hier!"[37]

Nun: an diesem Maßstab gemessen, waren gewiß nicht alle Tora-Lehrer wahre Zaddikim; viele waren tugendstolz, selbstgerecht, auf ihre große Gelehrsamkeit eingebildet. Alles andere als wirkliche „Meister des Weges"! Aber gerade die größten unter den Lehrern waren nicht selten die demütigsten auch – fühlten sich so nichtig vor Gott wie nur je ein wirklicher Zaddik. Als Rabban Jochanan ben Sakkai (jener, der bei Vespasian

---

[37] F. Weinreb, a.a.O.

gewesen war) auf den Tod erkrankte, kamen seine Schüler ihn besuchen. „Als er sie sah, fing er zu weinen an. Seine Schüler sprachen zu ihm! Leuchte Israels, rechte Säule, mächtiger Hammer, warum weinst du? Er sprach zu ihnen: Wenn man mich vor einen König von Fleisch und Blut führte, der heute hier ist und morgen im Grabe ruht, dessen Zorn, wenn er über mich zürnt, kein ewiger Zorn ist ... und den ich mit Worten versöhnen und mit Geld bestechen kann, so würde ich dessenungeachtet weinen. Doch jetzt, da man mich vor den König aller Könige, den Heiligen, gelobt sei Er, führt, der lebt und in alle Ewigkeit besteht, dessen Zorn, wenn er über mich zürnt, ein ewiger Zorn ... ist, den ich nicht mit Worten versöhnen und mit Geld bestechen kann ...: da soll ich nicht weinen?“[38]

Dieses Erzittern, dieses vernichtende Gefühl, Gottes unwürdig zu sein, hat nichts mit kränklichem Selbstgefühl zu tun. Jochanan war ein Fürst unter den großen Lehrern seiner Generation – und er fühlte sich auch so. Seine Tränen sind Ausdruck der überwältigenden Erfahrung Gottes als des „ganz, ganz Anderen“. Je gottnäher einer ist, um so elementarer dieses Gefühl in ihm, vor Gott nicht bestehen zu können – es sei denn aus Gnade!

Hier läuft wohl ein deutlicher Trennungsgraben zwischen dem jüdischen, dem christlichen, dem islamischen Meister auf der einen Seite – und dem hinduistischen oder buddhistischen auf der anderen. Der Guru oder Roshi ist durchaus von dem Bewußtsein erfüllt, das Ziel eines großen Weges erreicht zu haben und darum andere diesen Weg führen zu können. Ein Guru (oder Roshi) mag diesen spirituellen „Erfolg“ als etwas Gnadenhaftes empfinden, was ihm dann eine bezaubernde menschliche Bescheidenheit oder sogar Demut verleihen kann – dennoch ist er erfüllt von dem Gefühl eines großen Abstandes zwischen seiner eigenen geistig-geistlichen Verfassung und der des Schülers; im Umgang zwischen Meister und Schüler werden in der fernöstlichen Welt Riten der Verehrung zelebriert, die

[38] Zitiert nach „Weisung in Freude – Aus der jüdischen Überlieferung“, herausgegeben von Gertrude und Thomas Sartory, Verlag Herder, Freiburg ²1978, S. 112.

ein jüdischer Zaddik sich nicht gefallen lassen würde. Für ihn ist Gott, dem *alle* dienen, so wunderbar erhaben, so begeisternd „groß", daß davor alle Niveauunterschiede zwischen den Menschen bagatellhaft, „uninteressant" werden. Das prägt das Verhältnis zwischen Meister und Schüler, zwischen Mensch und Mensch überhaupt – und schließlich sogar zwischen allen Geschöpfen: vom allerhöchsten bis zum allerniedrigsten. Natürlich ist ein gewaltiger Rangunterschied zwischen Engel und Mensch; aber in vielen jüdischen Geschichten fällt auf, wie menschenähnlich die Engel erscheinen und wie nahe ein Mensch den Engeln kommen kann. Und natürlich ist ein Unterschied zwischen Mensch und Tier, aber im Verhältnis zwischen dem Zaddik und den Tieren kommt die paradiesische Nähe zwischen allen Gottesgeschöpfen wieder zum Durchbruch.

Nach der jüdischen Überlieferung merken die Tiere das Außergewöhnliche an der Persönlichkeit des Zaddik. Die Tiere, die einem „Gerechten" gehören, werden von der Macht seiner Persönlichkeit geprägt. Deshalb sagte man: „Die Tiere der Gerechten sind ihnen ähnlich." Und diese ungewöhnliche Anhänglichkeit der Tiere ist auch keineswegs einseitig, sie wird von den Gerechten erwidert. Man kann geradezu sagen – nach R. Mach in seiner Monographie über den Zaddik in Talmud und Midrasch –: Dem Zaddik sind seine Tiere „so lieb wie seine eigene Person"[39].

Müßten ihm so lieb sein wie seine eigene Person – wenn er wahrhaft ein „Gerechter" ist. Daher die Geschichte vom großen „Heiligen Rabbi":

„Rabbi, der Heilige, ging auf der Straße, als man ein Kalb zum Schlachten führte. Das arme Kalb schrie jämmerlich und verkroch sich unter die Kleider des Gelehrten. Dieser zog sich zurück und sagte hart: Weiter, weiter, dazu bist du geschaffen worden. Da kam eine Stimme vom Himmel: Du hast kein Mitleid mit meinen Geschöpfen! Du verdienst kein Mitleid. Von

---

[39] R. Mach, Der Zaddik in Talmud und Midrasch, Verlag E. J. Brill, Leiden 1957, S. 114ff.

jenem Tage an war der ganze Leib des Heiligen mit Wunden bedeckt. – Ein andermal kehrte seine Magd das Haus. In einer Ecke des Zimmers lagen die Jungen eines Wiesels. Die Magd will sie wegkehren. Arme Tierchen, sagte der Heilige, laß sie doch liegen. Da kam die Stimme vom Himmel: Du hast Mitleid mit meinen Geschöpfen. Du verdienst Mitleid. Und von jenem Tag an heilten die Wunden[40].

Verglichen mit den Heiligen anderer Kulturkreise, fällt am Zaddik nach F. Weinreb besonders seine Bescheidenheit allem Stillen gegenüber auf, das sich selbst nicht artikulieren kann. Nicht nur Tieren, auch Pflanzen gegenüber bezeugt der „Gerechte" eine eigentümliche Ehrerbietung. Von manchen Zaddikim erzählt man, daß sie sich verneigten und grüßten, wenn ein Hund vorbeikam, ja daß sie sich sogar verneigten, wenn sie eine Blume sahen.

„Nicht daß sie daraus eine rituelle Technik gemacht hätten. Es war einfach ein Ausdruck ihrer demütigen Freude, solche Geschöpfe zu sehen. Es überwältigte sie, daß eine Blume (oder ein Baum) nicht davonlaufen kann, sondern, an ihren Ort gebunden, durch ihr Grün Gott lobt und preist. Denn ‚grün' ist der Überlieferung nach ein Ausdruck für die Begegnung von Vergangenheit und Zukunft. Gelb – oder golden – ist die Farbe der Vergangenheit; die Farbe der Zukunft ist Blau. Die Begegnung von Gelb und Blau aber ist das Grün. Darum sagte man auch, der Berg Sinai sei zur Zeit der Offenbarung grün gewesen. Die Pflanzen sind grün. Und weil sie nicht davonlaufen können, duften sie (verströmen sich also nach oben!). Ein Tier duftet nicht; vielleicht hat es sogar einen unangenehmen Geruch, kann es doch jederzeit weglaufen. Auch der Mensch hat nichts von der Ruhe der Blume. Darum neigt sich der Zaddik vor ihr: sie ist Gott nahe – *sie* ist schon ‚grün'!"[41] Auch die jüdischen Meister pflegen die Kunst der Versenkung, der Meditation. Der Ausnahmezustand der Ekstase ist ihnen nicht fremd. Charismatiker, Mystiker, Propheten sind urjüdische Gestalten. Aber

---

[40] Zitiert nach „Weisung in Freude", a. a. O. S. 77.

[41] F. Weinreb, a. a. O..

einzigartig typisch für die jüdische Sphäre ist darüber hinaus, wie hier das ganze irdische Leben bis in den alltäglichsten Alltag hinein zum Medium der Erfahrung des Göttlichen wird.

Wie es im Talmud heißt: „Drei Dinge erfreuen die menschliche Seele: eine angenehme Stimme, ein angenehmes Aussehen, ein angenehmer Duft. Drei Dinge erheben die Seele des Menschen: eine schöne Wohnung, eine schöne Frau, schöne Geräte. Drei Dinge geben einen Vorgeschmack von der zukünftigen Welt: der Sabbat, die Sonne, die Beiwohnung."[42]

Es gibt in der ganzen Welt nichts rein Weltliches, weil die Welt als *ganze* Schöpfung ist. Wenn aber Schöpfung, dann eine Sache des Schöpfers! Wo im Zeithaft-Vergänglichen etwas im richtigen Einklang ist und geschieht, ertönt dazu ein harmonischer Akkord aus der Sphäre des Ewigen. Was dagegen, rein irdisch betrachtet, schädlich ist, muß auch himmlisch mangelhaft sein.

Ein Rabbi sprach zu seinem Sohn über einen berühmten Meister: „Warum sitzest du nicht vor ihm?" Er erwiderte: „Wozu sollte ich zu ihm gehen. Wenn ich zu ihm komme, redet er mir von weltlichen Dingen. So sagte er zu mir: ‚Wer auf den Abort geht, setze sich nicht zu schnell und plage sich nicht zu sehr, denn der Mastdarm ist an drei Zotten befestigt, und die Zotten könnten sich lösen, wodurch man in Gefahr kommen könnte.'" Sagte der Vater: „Er befaßt sich also mit dem Leben der Geschöpfe – und du sagst: mit weltlichen Dingen! Geh auf alle Fälle zu ihm!"[43]

Das ist eine Geschichte aus dem Talmud – es könnte aber genausogut eine chassidische Erzählung sein, obwohl zwischen der literarischen Fixierung des Talmuds und der chassidischen Erweckungsbewegung unter den polnischen und russischen Juden rund anderthalb Jahrtausende liegen. Es gibt auch heute noch chassidische Juden, aber die eigentlich Goldene oder auch Heroische Zeit des Chassidismus umfaßt ungefähr die Jahre

---

[42] Brachot 57b; vgl. Der Babylonische Talmud, ausgewählt, übersetzt und erklärt von Reinhold Mayer, Wilhelm Goldmann Verlag, überarbeitete Auflage, München 1963, S. 491.

[43] Talmud Schabbat 82a, vgl. Der Babylonische Talmud, a.a.O. S. 268.

zwischen 1750 und 1800. Gershom Scholem spricht von einer geradezu unglaublichen Intensität der schöpferisch-religiösen Kraft des Chassidismus, brachte dieser doch in kürzester Zeit eine große Zahl wahrer Heiliger von geradezu erregender Individualität hervor: einen unfaßbaren Reichtum einzigartiger religiöser Typen![44]

Damit hängt es sicher zusammen, wenn nunmehr – und das ist eine kühne Neuerung – „Zaddik“ zum offiziellen Titel des Meisters wird. Auch im talmudischen Judentum hoffte man, daß möglichst viele Rabbinen Zaddikim waren; aber man hätte sie nicht ohne weiteres so bezeichnet oder angeredet. Unter den Chassidim (Chassid heißt wörtlich „der Fromme“) wird es üblich, daß jeder ohne Zögern von seinem Meister als von seinem „Zaddik“ spricht. Ja, es dauert nicht lange, da formieren sich eigene chassidische Gemeinden mit einem Zaddik an der Spitze. Da ist es nun freilich aus mit der Verborgenheit des Gerechten! Der Zaddik tritt ins Rampenlicht der Öffentlichkeit. Die Heiligen ergreifen das Zepter!

Das ist ein durchaus ungewöhnliches Phänomen in der spirituellen Geschichte der Menschheit. Seit alters träumen die Menschen davon, wie schön es wäre, wenn die „Weisen“ die *Könige* der Völker wären; und es ist ein alter Traum der Frommen: „Ach – stünde doch ein *Heiliger* an der Spitze unserer Gemeinde!“ Im chassidischen Judentum wird beides zur Wirklichkeit, denn die jüdische Gemeinde ist nicht nur eine religiöse, sondern eine zugleich kommunale Gemeinschaft – der Zaddik als Leiter der Gemeinde ist also gewissermaßen Bürgermeister und Rabbiner in einer Person. Ein Heiliger – ein Mystiker – ein Charismatiker! Und niemand empfindet das als absurd, ist doch Mystik (diese höchst existentielle Erfahrung des Göttlichen) nach chassidischer Überzeugung nicht Sache einer kleinen Elite, sondern des ganzen gläubigen Volkes. Denn nicht um einsame Ekstasen geht es, sondern um die inbrünstige Erfahrung der Nähe Gottes in den Dingen der Welt, im Leben, wie es ist, in den Alltäglichkeiten des Alltags. Und je mehr ein jeder

[44] Gershom Scholem, Die jüdische Mystik in ihren Hauptströmungen, Wissenschaftliche Sonderausgabe im Suhrkamp Verlag, Frankfurt 1967, S. 370.

Gott in seinem Leben gegenwärtig sein läßt, um so mehr zieht er ihn gleichsam in die Welt hinein.

Die chassidische Bewegung, sagt Martin Buber, erregte in gebildeten wie einfachen Menschen Freude an der Welt, wie sie ist, am Leben, so wie es sich darbietet. „Wenn du die unverkürzte Kraft deiner Leidenschaft auf Gottes Weltschicksal richtest, wenn du das, was du in diesem Augenblick zu tun hast, was es auch sei, mit deiner ganzen Kraft ... tust, einst du ... Zeit und Ewigkeit. Dazu brauchst du kein Lehrkundiger, kein Weiser zu sein: nichts ist not als eine in sich einige, ungeteilt auf ihr göttliches Ziel gerichtete Menschenseele. Die Welt, in der du lebst, so wie sie ist, und nichts anderes, gewährt dir den Umgang mit Gott ... Und deine eigene Beschaffenheit ... ist dein besonderer Zugang zu Gott, deine besondere Möglichkeit für ihn. Laß dich deiner Lust an Wesen und Dingen nicht verdrießen, laß sie sich nur in den Wesen und Dingen nicht verkapseln, sondern durch sie zu Gott vordringen."[45]

In gewissem Sinn gilt nämlich, daß in jüdischer Spiritualität die Erfahrung des Göttlichen nicht am Ende des Weges steht, sondern am Anfang. Von der Realität Gottes, von der Realität der „anderen Seite" kommt der Jude gleichsam her. Nicht der Aufstieg zum Göttlichen ist sein Hauptthema, sondern Gottes Abstieg in die Welt. Gottes Abstieg bis zu den untersten Tiefen. Auch bis in die untersten Tiefen des Menschen! „Die chassidischen Schriften", schreibt Gershom Scholem, „kennen auch den Begriff des Unbewußten, das allem bewußten Vollzug und Gedanken vorangeht und aus dem es aufsteigt und schöpft. Rabbi Bär von Meseritz bezeichnete es mit einem von ihm neugeschaffenen Terminus als *Kadmuth ha-Ssechel.* Ich habe keine kürzere, schönere und erschöpfendere Definition des Wesens und der Funktion des Gerechten finden können als das um 1770 gesprochene Wort des Rabbi Bär, daß ‚die *Zaddikim* Gott, wenn man so sagen dürfte, zu ihrem Unbewußten machen'."[46]

---

[45] Martin Buber, Werke, Dritter Band: Schriften zum Chassidismus, Kösel-Verlag und Verlag Lambert Schneider, München – Heidelberg 1963, S. 81.

[46] Gershom Scholem, Die Lehre vom ‚Gerechten' in der jüdischen Mystik, in: Eranos-Jahrbuch 1958, S. 297.

Lebendige Ikone

– Der ostkirchliche Starez –

Am 25. November 1825 öffnete sich in der russischen Einsiedelei Sarow die Tür einer Mönchszelle: Vater Serafim trat heraus, verließ zum erstenmal nach fünfzehn Jahren den winzigen Raum, in den er sich selbst verbannt hatte, und kehrte in die Gemeinschaft der Mönche zurück. Doch bald schon erwies sich, daß jenes Datum bei weitem denkwürdiger war, als es Serafim und seinen Brüdern an jenem Tag erschienen sein mochte. Kaum wurde außerhalb des Klosters bekannt, Vater Serafim habe seine Zelle verlassen, als ein gewaltiger Besucherstrom einsetzte. Jeder wollte den heiligen Mann sehen, suchte Hilfe, Rat, Trost bei ihm. Unter dem Zulauf des Volkes wurde aus dem Mönch Serafim der Starez Serafim.

Serafim von Sarow wurde ein großer Starez – ja unter den russischen „Meistern des Weges" ist er vermutlich der größte gewesen. Und unter den Heiligen der russischen Kirche wird bis zum heutigen Tag vielleicht niemand so tief verehrt wie er. Übrigens waren jene anderthalb Jahrzehnte freiwilliger Klausur nur die letzte Etappe eines äußerst strengen Lebens der Buße und des Gebetes, in Askese, Schweigen und wachsender Abgeschiedenheit. Das bedeutet, rund gerechnet, fast ein halbes Jahrhundert Vorbereitungszeit auf jene letzten acht Lebensjahre, die Serafim als Starez wirken sollte. Ein Rückblick auf die Zeit vor Beginn seines Starzentums dürfte aufschlußreich sein.

Serafim, 1759 in Kursk geboren, hatte als Zwanzigjähriger bei den Mönchen von Sarow um Aufnahme gebeten. Der Abt vertraute seine geistliche Erziehung einem Mönch an, der als besonders erfahren galt. Acht Jahre lebte Serafim unter der

Leitung dieses seines Starez – in unbedingtem Gehorsam. In einem sehr „handfesten“ Gehorsam, könnte man sagen! Denn „in den russischen Klöstern war es üblich, die Novizen, sobald sie hinreichend mit den klösterlichen Regeln vertraut waren, arbeiten zu lassen, um in ihnen den Geist (spiritueller) Zucht zu entwickeln. Die Arbeit, die der Novize leistete, nannte man ‚Gehorsam‘.“[47] Serafim arbeitete als Bäcker, dann als Schreiner und Holzschnitzer – geschickt und ausdauernd –, seine Arbeiten hatten etwas Künstlerisches.

Das Leben der Mönche soll ein Leben immerwährenden Gebetes sein. Aber damit die Seele nicht erschlaffe und die für das Gebet erforderliche Spannkraft und Spontaneität behalte, muß der Betende gern, eifrig, tüchtig arbeiten. Arbeit ist unentbehrliches Vorbeugungs- und Heilmittel gegen Verdrossenheit, Lethargie, Depression – gegen die alte Mönchskrankheit der „Akédia“, die Trägheit und Schwermut in *einem* ist. Diese Mönchskrankheit liegt gleichsam immer auf der Lauer, da das zurückgezogene Leben im Kloster, äußerlich betrachtet, sehr spannungsarm ist. Ora et labora! Bete und arbeite! Das ist nicht nur benediktinische Lebensregel – es ist Grundsatz des mönchichen Lebens seit den frühesten Tagen der ägyptischen Wüstenväter.

Wie aber kann man immerwährend beten – auch zu jenen Tagzeiten des Klosteralltags, die der Arbeit gewidmet sind? Das vor allem hatte Serafim in seiner klösterlichen Schülerzeit zu lernen. Nach der Tradition der russischen Klöster muß der Novize das „Herzensgebet“ einüben; es besteht in der unermüdlich wiederholten Anrufung Jesu. „Herr Jesus Christus, Sohn Gottes, erbarme dich über mich Sünder.“ Die Übung ist uralt; sie geht auf die ersten christlichen Jahrhunderte zurück; man hat sie mit einem gewissen Recht den „christlichen Yoga“ genannt. Die Anrufung wird mit Atmung und Herzschlag in Einklang gebracht, wird so immer mehr zum Rhythmus des eigenen Lebens, dringt nicht nur in Geist und Seele, sondern

---

[47] Vera Zander, Seraphim von Sarow – Ein Heiliger der orthodoxen Christenheit, Patmos-Verlag, Düsseldorf 1965, S. 17.

sozusagen auch in Blut und Nerven ein – bis in die Wurzeln des Unterbewußten hinunter. Immer mehr verwandelt sich unter diesem unaufhörlichen Jesusgebet das ganze seelisch-geistige Leben. Das Jesusgebet wird zur Quelle von Friede und Freude und ist einer der erprobtesten ostchristlichen Wege zur Erleuchtung, zur Erfahrung des Göttlichen.

Nach seiner Mönchsweihe (der Abt ließ ihn auch zum Priester weihen) zog Serafim sich für sechzehn Jahre in die Einsamkeit einer Waldhütte zurück. Sechzehn Jahre Abgeschiedenheit: Schweigen, immerwährendes Gebet, Arbeit in seinem kleinen Garten, Holzarbeiten. Die Rückkehr ins Kloster bedeutete nicht Milderung. Nun begann die härteste Phase seines Asketenlebens: die totale Klausur. In ungeheizter Zelle, einzig erhellt vom Ewigen Licht vor der Ikone der Mutter Gottes, war Serafim Tag und Nacht in Gebet und Lesung der Schrift versenkt. Er hatte viele Visionen. Als er die Zelle schließlich nach weiteren fünfzehn Jahren verließ, war der Wendepunkt seines Lebens erreicht. Hatte er sich bisher völlig von allen Menschen zurückgezogen, so wandte er sich nun genauso rückhaltlos den Menschen zu. Er wurde zum Starez, zu dem jeder kommen konnte: Mönche des Klosters, Weltleute von draußen – Reiche, Arme, Männer, Frauen, die Studierten und das einfache Volk. Jeder wurde mit der gleichen Ehrerbietung und Güte aufgenommen – mit der unnachahmlichen Herzlichkeit des echten Russen. Hatte es vorher so ausgesehen, als wenn die Welt für ihn nicht mehr existierte, so kam nun alle Welt zu ihm. „Auf dem Gipfel der Vollendung, als seine Seele ein reiner Spiegel des Himmels geworden war, konnte er furchtlos in die Abgründe des menschlichen Elends (herab)steigen.“[48]

Aber mag Serafim von Sarow auch der größte unter Rußlands Starzen gewesen sein – als „einzigartige“ Gestalt, die ihresgleichen nicht hätte, kann man ihn nicht bezeichnen. Von der Neige des 18. Jahrhunderts an bis zum beginnenden 20. Jahrhundert geht durch Rußland ein Zug mystischer Erneuerung, die unter dem Prägezeichen des Starzentums steht.

---

[48] Vera Zander, a.a.O. S. 47.

Zu einem ausstrahlenden Zentrum der Bewegung entwickelte sich immer mehr das alte Kloster Optina, aus dem überragende Starzen hervorgingen – hochgebildete darunter, so daß gerade Optina die russische Intelligenz magnetisch anzog. Starez Amwrosij von Optina war übrigens das historische Urbild für Dostojewskijs Starez Sossima in den „Brüdern Karamasow".

Die spirituelle Figur des Starez („Starez" heißt wörtlich „der Greis") ist freilich viel älter; sie geht bis auf die Frühzeit des orientalischen Mönchtums zurück. Ein Noviziat im westlichen Sinn als Schulung aller Klosterneulinge durch einen für sie zuständigen Novizenmeister war den alten Mönchsvätern unbekannt. Jeder Neuling wurde (wie wir schon bei Serafim gesehen haben) einem älteren Mönch anvertraut, einem in Entsagung und Kontemplation erprobten, der geeignet schien, gerade diesen Novizen geistlich-asketisch zu führen. Dessen „Meister" also im höchstpersönlichen Sinn! Rußland hatte diese mönchische Einrichtung aus dem Orient übernommen. Aber auf russischem Boden sollte aus dieser uralten Wurzel ein gewaltiger Baum erwachsen: aus dem geistlichen Führer des einzelnen Mönchsnovizen wird der Starez, der dem ganzen Volk gehört – „Meister des Weges" für viele, manchmal unabsehbar viele, die nach Wegweisung verlangen. Das Starzentum, ursprünglich innermönchische Einrichtung, dringt über die Klostermauern nach außen; seine Wirkung geht breit und immer tiefer ins Land hinein.

Der Starez ist Mönch. Priester muß er nicht sein. In seinem Kloster hat er als Starez kein besonderes Führungsamt inne (obwohl ein Abt auch Starez sein kann); niemand wird offiziell mit der Starzenaufgabe betraut, zum Starez „ernannt". „Sein Leben selbst verschafft ihm seinen Rang. Seine geistliche Erfahrung, sein Gebet und seine Selbstverleugnung machen ihn zu dem, was er darstellt. Der Starez zieht alle Seelen an sich, die Gott suchen, denn in ihm herrscht Gott unumschränkt und läßt seine Gegenwart spürbar werden."[49] So ist der russische

[49] Iwan Kologriwow, Das andere Rußland – Versuch einer Darstellung des Wesens und der Eigenart russischer Heiligkeit, Manz-Verlag, München 1958, S. 326.

Starez durch kein kirchliches Amt und keinen obrigkeitlichen Auftrag legitimiert, sondern einzig durch die Ausstrahlung seines vom Göttlichen Geist völlig verwandelten Wesens.

Also autorisiert nur durch „Gott“? Wäre damit nicht Irrtum und Täuschung Tür und Tor geöffnet? Könnten nicht Scharlatane auftreten und als angebliche Starzen das Volk irreleiten? In der westlichen Welt taucht in einer fast schon zwangsläufigen Assoziation der Name „Rasputin“ auf, wenn irgendwo die Rede auf russische Starzen kommt. Dabei war Rasputin mit Sicherheit kein Starez – mag er auch über außergewöhnliche Kräfte verfügt haben –, er war nicht einmal ein orthodoxer Christ, sondern gehörte einer merkwürdigen Sekte an. Aber von Rasputin ganz abgesehn: Birgt das charismatische Starzentum nicht tatsächlich Gefahren in sich? Mancher gab sich als Starez, ohne es zu sein. Archimandrit Irenäus Totzke sagt darüber:

„Wie in der heiligen Stadt Benares in Indien das Wort ‚Guru‘ fast zu einem Schimpfwort geworden ist, weil es dort Tausende von Gurus gibt, die für ein paar Rupien jemandem die Zukunft voraussagen, so hat es auch im Bereich der Ostkirche Pseudostarzen gegeben. Niemand wird verhindern können, daß im Bereich des Heilens (ob im körperlichen oder im seelischen, ob in dem der Medizin oder dem der Religion) zu dem großen Heiler, dem begnadeten, der weniger begnadete sich gesellt, ja der Talentlose, ja der Unwürdige. So auch in der Ostkirche! Es hat „Starzen“ gegeben, die bloße Modestarzen waren – zu denen die vornehme Gesellschaft hinauspilgerte, weil man eben auch mal einen Einsiedler sehen wollte, der mit zerlumpten Kleidern herumging und unverständliche Worte vor sich hinmurmelte. Über solche Erscheinungen ist die Zeit hinweggegangen: entweder wurden diese Leute schon bei Lebzeiten von ihren kirchlichen Oberen zur Ordnung gerufen, aus ihren Starzenhöhlen entfernt und in ein Kloster gesteckt, wo niemand sie mehr zu sehen bekam – oder eben die Geschichte sprach das Urteil. Ihre Namen sind heute vergessen. Man redet von Amwrosij von Optina, von Serafim von Sarow, man redet von Feofan dem Klausner – aber niemand spricht mehr von irgendwelchen

Pseudo-Starzen, zu denen einstmals die enervierten Damen der Petersburger Gesellschaft herauszogen ..."[50]

Die Erinnerung an Rußlands große Starzen ist auch in der Schweigenden Kirche der Sowjetunion noch lebendig. Zwar wurden nach der Revolution die Gebeine Serafims in einen Kasten gepackt, nach Moskau geschafft und im dortigen Gottlosenmuseum ausgestellt als ein Relikt des überwundenen Aberglaubens. Die Gläubigen hörten trotzdem nicht auf, zu ihren kostbaren Reliquien hinzupilgern – wenn nicht mehr nach Sarow, dann eben nach Moskau, ins Gottlosenmuseum. Sogar Blumen bringen sie hin –.

In der Erinnerung der Frommen sind die Starzen unvergessen: sie waren ein Höhepunkt in der spirituellen Geschichte Rußlands. „Die Starzen lehrten das russische Volk, ‚den Himmel über den Kuppeln der herrlichen Kathedralen zu sehen', das heißt, sich vom Ritualismus und Formalismus zu lösen, um ein innerliches Leben zu beginnen. Sie bemühten sich, ihm Demut, Bereitschaft zur Verzeihung und Selbstbeherrschung einzupflanzen. Sie waren wirklich die Erzieher des Volkes ... von denen es seine religiöse Bildung empfing. Der Einfluß dieser Männer, die gewissermaßen als Außenseiter des gewöhnlichen Klerus lebten, war und blieb unermeßlich. Er war weitaus größer als jener der übrigen Priester und Mönche. Die russischen Starzen waren niemals durch eine schalldichte Wand von der Welt und ihren Qualen und Nöten abgeschlossen. Die Pforten ihrer Zellen standen stets all denen offen, die litten und um Beistand baten. Sie beherrschten die ‚Welt', aber sie waren nicht ‚von dieser Welt'."[51]

Der Starez öffnet dem Menschen die Augen für die himmlische Wirklichkeit, lehrt ihn, „nach oben" zu schauen. Denn dazu geht der Mensch auf zwei Beinen, damit er aufblicken kann, nicht in der horizontalen Ebene seines Daseinsraums befangen bleibe. Charakteristischerweise ist in der östlichen Liturgie aufrechtes Stehen die bevorzugte gottesdienstliche

---

[50] Irenäus Totzke in einem Rundfunkgespräch mit Thomas Sartory.
[51] Kologriwow, a.a.O. S. 327.

Gebetshaltung. Nicht Knien etwa, und schon gar nicht Sitzen! Mit beiden Beinen fest auf der Erde, nicht weltfremd, nicht erdflüchtig. Aber auch nur mit zwei Beinen auf der Erde – nicht wie das Tier ausschließlich der Erde zugewandt. „Wie Jesus im Evangelium die gekrümmte Frau, so richtet auch der Starez den Menschen wieder auf, befreit ihn aus seiner Erdverhaftung. Der Mensch ist Kind der Erde und soll Kind der Erde bleiben; seinem Haupt nach aber ist er dazu bestimmt, über das Nur-Irdische hochzuragen, der göttlichen, der himmlischen Sphäre zugewandt" (Totzke).

Wie aber richtet man einen zur Erde Gekrümmten auf? Wir wundern uns über die gewaltige Wirkung, die die Starzen mit ihren oftmals so einfach klingenden Ratschlägen erzielen konnten. Über Serafim von Sarow schreibt Igor Smolitsch in seinem Buch „Lehre und Leben der Starzen":

„Bereits am frühen Vormittag, nach der Frühliturgie, bei der Serafim mit den heiligen Gaben (der Eucharistie) die lebenspendenden Geistkräfte in sich aufgenommen hatte, drängten sich die Scharen der Besucher vor seiner Tür. Viele erzählten, wenn sie von ihrem Gespräch mit dem Starez berichteten, daß seine Worte in ihrer Seele einen völligen Umschwung hervorgerufen hätten, daß sie Herz und Verstand, die gewöhnlich im Streite lagen, miteinander versöhnt und ihr ganzes Leben überhaupt in ein neues Licht getaucht hätten."[52]

Es war nicht einfach nur der Inhalt, der dem Zuspruch des Starez manchmal eine geradezu unbegreifliche Wirkkraft verlieh. Wenn ein Besucher den Starez verwandelt verließ, dann lag das vor allem an der Treffsicherheit, mit der genau der entscheidende Punkt (oder auch, je nachdem, der „wunde" Punkt) in ihm angesprochen worden war. Bedeutet das vielleicht, daß Starzen Gedanken lesen können? Haben sie so etwas wie geistige Röntgenaugen, so daß sie Seelen bis in ihre Tiefen hinein durchschauen können? Die Gabe einer solchen Seelenschau wäre nicht ungewöhnlich bei Menschen von solcher spiritueller

---

[52] Igor Smolitsch, Leben und Lehre der Starzen, Thomas Verlag Jakob Hegner, Wien 1936, S. 221.

Vollendung; sie ist von Heiligen und großen Meistern auch in anderen Religionen bekannt und glaubwürdig bezeugt. Ungewöhnlich ist höchstens, wie Serafim von Sarow über seine eigene Gabe dachte: „Als eines Tages ein Zeuge, verblüfft über seine wunderbare Kenntnis der Herzen, zu ihm sagte: ‚Ihre Einsicht ist so klar, daß ihr nichts im Herzen des Nächsten verborgen bleibt', legte Serafim seine rechte Hand auf die Lippen des Besuchers und antwortete ihm: ‚Was du soeben gesagt hast, stimmt nicht. Das Herz des Menschen liegt nur offen vor Gott, und Er allein kennt es. Was mich betrifft, so betrachte ich den ersten Gedanken, der in mir aufsteigt, als einen Fingerzeig Gottes. Ohne zu wissen, was mein Gegenüber in der Seele verbirgt, glaube ich lediglich, daß Gott mir eingibt, dies oder jenes zum Heil seiner Seele zu sagen. Es kommt aber auch vor, daß ich nach dem Anhören einer vertraulichen Eröffnung es versäume, auf den Willen Gottes zu achten, und allein nach meinem Verstand entscheide. In solchen Fällen täusche ich mich immer.'"[53]

Aber nicht nur Rat oder Hilfe hofften die Menschen bei den Starzen zu finden, sondern das Wunder der Wunder: daß Göttliches im Menschlichen wirksam wird – Diesseitiges für Jenseitiges transparent – scheinbar bloß Materiehaftes für das in ihm lebendige Geistige sich als durchscheinend erweist – und so das Spirituelle nicht nur glaubhaft ist, sondern real erfahren wird. Denn nicht Lehre erstlich sucht der Jünger bei seinem Meister, sondern Erfahrung. Und auch das Volk, das herbeiströmt, will weniger eine Predigt über göttliche Dinge hören als das Göttliche erleben, will seiner ansichtig werden in der lebendigen Ikone des Starez.

Der Richter Nikolaj Motowilow, im Jahre 1831 durch Serafim von Sarow von schwerer Krankheit geheilt, hatte eines Tages ein langes Gespräch mit dem Starez, das in einem aufwühlenden Erlebnis gipfelte. Er hat diese Begegnung in seinen nachgelassenen Schriften ausführlich beschrieben. Es war ein trüber, winterlicher Tag, der Schnee lag fußhoch, und ununter-

---

[53] Kologriwow, a.a.O. S. 366.

brochen schneite es weiter. Vater Serafim, der gerade einen Baum gefällt hatte, lud Motowilow ein, auf dem Stamm niederzusitzen, und kauerte sich selbst neben ihn. Ohne Umschweife sagte er ihm auf den Kopf zu, Gott habe ihm offenbart, daß er seit seiner Jugend zu wissen begehre, was letztlich der Sinn des christlichen Lebens sei, daß er auch viele Geistliche danach befragt habe, eine ihn befriedigende Antwort aber nie erhalten hätte. Darum müsse nun der arme Serafim ihm jetzt erklären, welches der wahre Sinn des Christenlebens sei. Gebet, Fasten, Nachtwachen und all die anderen guten Werke seien letztlich nur notwendige Mittel. „Der wahre Sinn unseres christlichen Lebens besteht in dem Erlangen des Heiligen Geistes. Merkt Euch wohl, Väterchen: Nur die für Christus allein verrichteten guten Werke verschaffen uns die Gaben des Heiligen Geistes." Gemeint ist: Selbst strengste Askese und angestrengtestes sittliches Streben „nützen" mir nicht, wenn es um meinetwillen geschieht, um meiner spirituellen Vollendung willen. Nur wer sie einzig und allein für Christus übt und tut, wird mit Heiligem Geist erfüllt, und zwar schon im irdischen Leben! Und auch erfahrbar! Aber genau an diesem Punkt hat Motowilow seine Schwierigkeiten. Woher sollte er wissen können, ob er im Heiligen Geist ist?

„Da faßte mich der Vater Serafim fest an den Schultern und sagte eindringlich: ‚Wir beide, Väterchen, *sind* jetzt im Heiligen Geiste! – Warum siehst du mich nicht an?' Ich antwortete: ‚Ich kann euch nicht anblicken, Vater, aus Euren Augen leuchten Blitze, Euer Gesicht ist heller als die Sonne geworden, und meine Augen brennen vor Schmerz.' ‚Habt keine Furcht!' sagte der Vater Serafim, ‚Ihr selbst seid jetzt leuchtend geworden wie ich. Nun seid Ihr selber in der Fülle des Heiligen Geistes, sonst könntet Ihr mich so nicht schauen!' Und indem er seinen Kopf zu mir hinneigte, flüsterte mir der Starez leise ins Ohr: ‚Danket Gott für seine unaussprechliche Gnade! Ihr habt gesehen, daß ich mich nicht einmal bekreuzigte, sondern nur in meinen Gedanken betete ich leise zu Gott: Herr, gib ihm Klarheit! Und im selben Augenblick, Väterchen, hat der Herr die demütige Bitte des armen Serafim erfüllt. Nicht immer zeigt der Herrgott selbst den großen Einsiedlern so sichtbar seine Gnade. Diese Gnade Gottes will Euer betrübtes Herz mit Freude erfüllen wie eine liebende Mutter das ihrer Kinder. – Väterchen, aber warum seht Ihr mir nicht in die Augen? Schaut doch nur, und fürchtet Euch nicht! *Der Herr ist mit uns!*' – Auf diese Worte hin blickte ich in sein Gesicht, und ein großer ehrfürchtiger Schauer überkam mich. Stellen Sie sich vor: Mitten in einer Sonne, wie im hellsten Glanze der Mittagsstrahlen, das Antlitz des mit Ihnen sprechenden Menschen. Sie gewahren die Bewegung seiner Lippen, den wechselnden Ausdruck seiner Augen, Sie hören seine Stimme, Sie fühlen, daß jemand mit seinen Händen Ihre Schultern hält – Sie sehen aber nicht diese Hände, auch nicht seine Gestalt – einzig nur den blendenden Schein, der von ihm ausgeht, sich rings um ihn verbreitet und mit seinem hellen Glanz den Schnee auf der kleinen Lichtung beleuchtet – unmöglich läßt sich der Zustand beschreiben, in dem ich mich in diesem Augenblick befand. – ‚Wie fühlt Ihr Euch jetzt?' hörte ich den Vater Serafim fragen. ‚Ungewöhnlich gut!' antwortete ich. ‚Ich fühle eine solche Stille und einen Frieden in meiner Seele, wie ich es mit keinem Wort ausdrücken kann!' ‚Das, mein Gottesfreund, ist der Friede, von dem der Herr zu seinen Jüngern sprach.' – ‚Was fühlt Ihr noch?' ‚Eine ungewöhnliche Süßigkeit!' antwortete ich. ‚Das ist die Süßigkeit, von der die Heilige Schrift sagt: „Sie werden trunken von den reichen Gütern deines Hauses; und du tränkest sie mit Wonne wie mit einem Strom." Ebendiese Wonne durchdringt uns jetzt und strömt in unsern Adern als ein unsagbares Labsal. Durch diese Wonne schmelzen unsere Herzen, und wir beide werden von einer Süßigkeit erfüllt, die keine Sprache wiedergeben kann. Was fühlt Ihr noch?' ‚Eine ungewöhnliche Freude in meinem ganzen Herzen!' Der Vater Serafim fuhr fort: ‚Wenn der Heilige Geist auf den Menschen herabkommt und ihn mit der ganzen Fülle seiner Ausgießung segnet, dann wird die menschliche Seele von unaussprechlicher Freude erfüllt. Denn der Heilige Geist erweckt Freude in allem, was er berührt. – Aber wie tröstlich diese Freude auch sein mag, die Ihr in Eurem Herzen jetzt fühlt, so ist sie doch gering im Vergleich zu der, von der

Gott selber durch seinen Apostel verkündet hat: „daß sie kein Auge gesehen und kein Ohr gehört hat und in keines Menschen Herz gekommen ist". Jetzt werden uns Vorahnungen dieser Freude gegeben. Ist es aber schon durch sie in unserer Seele so süß, was ist dann erst von der Freude zu sagen, die im Himmel denen bereitet ist, die hier unten weinen? – Fühlt Ihr noch etwas, mein Gottesfreund?' Ich antwortete: ,Eine ungewöhnliche Wärme!' ,Was für eine Wärme? Wir sind doch im Wald? Es ist jetzt Winter, unter unseren Füßen liegt Schnee, wir selbst sind beschneit, und von oben fällt Schnee! Was kann denn hier für eine Wärme sein?' Ich entgegnete: ,Eine Wärme ähnlich wie in einer Badestube.' ,Und ist der Geruch auch ähnlich wie in der Badestube?' fragte er. ,Nein', antwortete ich, ,ich wüßte nichts auf der Erde, daß diesem Wohlgeruch gleicht.' Da sagte der Vater Serafim mit einem schönen Lächeln: ,Väterchen, ich selbst kenne das alles genau wie Ihr, und ich frage Euch absichtlich, nur um zu hören, ob Ihr genau so fühlt. Kein irdischer Wohlgeruch läßt sich an Süße mit dem vergleichen, den wir nun empfinden, da uns der Wohlgeruch des Heiligen Geistes umweht! Gebt acht, Väterchen, Ihr habt mir gesagt, daß es rings um uns so warm ist wie in einer Badestube. Seht doch einmal: der Schnee taut weder auf mir noch auf Euch. Also ist die Wärme nicht in der Luft, sondern in uns selbst. Es ist die Wärme, von der der Heilige Geist uns mit den Worten des Gebetes zum Herrn rufen läßt: „Durch die Wärme deines Heiligen Geistes erwärme mich!" Die durch sie erwärmten Einsiedler fürchteten keine Winterkälte, weil sie mit dem Gnadengewand, das der Heilige Geist gewebt hat, wie mit einem Pelz bekleidet waren. So muß es schon sein, weil die Gnade Gottes inwendig in uns, in unserem Herzen wohnen muß. Denn der Herr sagt: Das Reich Gottes ist inwendig in euch.'"[54]

Aber eben dieses Innere ist in der Begegnung Motowilows mit Starez Serafim gleichsam nach außen getreten, wird wahrnehmbar als Licht, Süße, Wärme, Freude, Friede, Wonne. Als wäre der Mensch plötzlich durchsichtig geworden auf die ihm

[54] Smolitsch, a.a.O. S. 240ff.

innewohnende Gottesherrlichkeit hin. Diese Transparenz eines Menschen von Fleisch und Blut wird dem Christen bekannt vorkommen. Ist das nicht wie das Geschehen auf dem Tabor – die Verklärung Jesu auf dem Berg – Offenbarung der Göttlichkeit Jesu? Nun: ostkirchliche Theologie spricht ganz unbefangen nicht nur von der Göttlichkeit Jesu, sondern auch von der „Vergottung" des Menschen. Diese *Theosis,* Vergottung, ist es, die der Gläubige erwartet und ersehnt, um die der Asket sich müht und plagt: eine Umwandlung von Geist und Leib, bis der ganze Mensch durchlässig geworden ist für das Göttliche. Nicht daß das Menschliche aufgesogen würde ins Göttliche hinein – es wird gewandelt wie Eisen im Feuer, das, glühendflüssig werdend, seine Eisennatur ja nicht verliert. Nicht Vernichtung des Menschlichen, sondern seine Transformation, Metamorphose.

Die „Verklärung Serafims" ist Werk des Göttlichen Geistes, aber doch auch Frucht eines halbhundertjährigen Lebens in Einsamkeit, Schweigen, Askese, immerwährendem Herzensgebet. Doch der Richter Motowilow – wie kommt er dazu? Durch Kontakt mit dem Starez! Der Erleuchtete erleuchtet. Der Vergeistigte strahlt Geist aus.

Oder – mit einem Bild gesagt –: der Starez ist in der Gemeinschaft der Menschen, was der Tiefwurzler unter den Bäumen in der „Ökologie" des Waldes bedeutet. Während die Wurzeln vieler Waldbäume sich flach unter dem Boden ausbreiten und so nur aus den obersten Schichten des Bodens ihre Nahrung ziehen können, greifen andere Bäume mit ihren Wurzeln in die Tiefschichten der Erde hinab, dorthin, wo der Boden noch nicht ausgelaugt, die Nährstoffe noch reichlich vorhanden sind. Sie heben die nährenden Kräfte der Tiefe und geben sie im Herbst mit den fallenden Blättern an den Boden rings um sich herum zurück – und nähren so die Flachwurzler in ihrem Umkreis mit.

Und darum wird es auch irgendwann und irgendwo immer mal wieder einen Starez geben. Mag die Blütezeit des russischen Starzentums der Vergangenheit angehören, der Starez selbst ist nicht nur eine Gestalt der Vergangenheit. Er kann stets von neuem wieder „aktuell“ werden, denn der Lebensstrom, aus dem die Spiritualität der Starzen sich nährt, ist unversieglich.

1938 starb auf dem Athos der russische Starez Siluan. Sechsundvierzig Jahre lang hatte er auf dem Heiligen Berg gelebt. Einer der Athosmönche, Archimandrit Sophronius, ein Schüler Siluans, hat ein Buch über Leben und Lehre seines Starez geschrieben, dessen deutsche Übersetzung 1980 in zweiter Auflage neu erschienen ist. An dieser Meistergestalt unseres Jahrhunderts wird von neuem deutlich, daß jeder Zeit ein Starez erstehen kann, weil die geistig-geistliche Tradition aus der ein Starez lebt, etwas überzeitlich Gültiges hat. Es handelt sich hier um jene frühchristlichen Überlieferungen sowohl der Kirchenväter wie der orientalischen Mönchsväter, die den Mutterboden des spirituellen Lebens in der Kirche bilden, sowohl im Osten wie im Westen. Eine Tradition zumal, die im östlichen Mönchtum bis zur Jetztzeit auch dem hellen Bewußtsein immer höchst aktuell und lebendig geblieben ist. Nach Archimandrit Sophronius besuchte 1932 ein katholischer Doktor der Theologie den Athos; er konnte im dortigen Panteleimon-Kloster eine herrliche Bibliothek mit etwa zwanzigtausend Bänden bestaunen, darunter viele alte Handschriften, griechische und slawische. Der Gelehrte fragte den Bruder Bibliothekar, welche Bücher die Athos-Mönche läsen. Jener zählte eine Reihe alter Mönchs- und Kirchenväter auf. Der Theologe aus dem Westen war höchst erstaunt: „Diese Bücher lesen Ihre Mönche? Bei uns werden solche Bücher nur von den Gelehrten gelesen.“ – Über dieses Gespräch berichtete der Bruder Bibliothekar dem Starez Siluan. Der Starez meinte: „Sie hätten dem Doktor sagen können, daß unsere Mönche nicht nur diese Bücher lesen, sondern auch selber solche schreiben könnten. Sie schreiben nicht, weil diese herrlichen Bücher, deren es schon viele gibt, ihnen genügen; wenn sie aber aus irgendeinem Grund verlorengingen, würden die Väter neue schreiben.“[55]

---

55 Archimandrit Sophronios, Starez Siluan – Mönch vom Berge Athos, Band I.: Sein Leben und seine Lehre, Patmos-Verlag, Düsseldorf [2]1980, S. 66ff.

ZWEITER TEIL

Meisterüberlieferungen aus den Kreisen der frühchristlichen Mönchsväter

1979 erschien in der Herder-Reihe „Texte zum Nachdenken" unser Bändchen „Lebenshilfe aus der Wüste". Es wurde Anstoß und Basis für eine Reihe von Rundfunksendungen über die Wüstenväter. Trotz einiger Überschneidungen mit der Einleitung zu „Lebenshilfe" entstand bei diesen Rundfunksendungen etwas durchaus Neues, so daß wir von verschiedenen Seiten gebeten wurden, auch sie durch eine Buchpublikation zugänglich zu machen. Wir haben uns darum entschlossen, die Meistertraditionen der Wüstenväter als Zweiten Teil in das seit längerem geplante Buch über die „Meister des Weges" einzubringen. Der Entschluß fiel uns um so leichter, als diese wesentlich umfangreichere Darstellung der Überlieferungen aus der Wüstenzeit auch für die Texte in „Lebenshilfe aus der Wüste" weitere Verständnishilfen anbietet.

Worte der Altväter

Obsculta, o fili, praecepta magistri –
„Höre, auf dem Weg zu Gott, die Lehren des Meisters.
Höre mit dem Ohr deines Herzens.
Wie ein Sohn nimm die Worte des geistlichen Vaters auf.
Setze die Worte in Taten um.
Dann wirst du durch Gehorsam, der nicht leicht ist,
dorthin zurückkehren,
von wo du durch Ungehorsam und Trägheit des Herzens
abgekommen bist.“[1]

So beginnt die Regula des heiligen Benedikt, die auf viele Jahrhunderte hin zur einzigen Klosterregel der abendländischen Mönche und Nonnen werden sollte. Mit Recht nennt man deshalb Benedikt den Vater der Mönche des Abendlandes. Aber Benedikt, um 480 zu Nursia geboren, war nicht nur Vater, er war auch Sohn. Seine geistigen Vorfahren sind die frühchristlichen Mönche in den Wüsten Ägyptens und des Vorderen Orients. Und Benedikt war sich dieser geistigen Abstammung voll bewußt. Bei aller schöpferischen Eigenständigkeit fühlte er sich dem Erbe dieser frühchristlichen Meister verpflichtet – diesem Schatz von Wegweisungen für alle kommenden Geschlechter. So werden die Väter der Wüste nicht nur im Osten, sondern auch im Westen zu wahren Meistern des Weges

[1] Anfang des Prologs der Regula in einer freien Übertragung ins Deutsche, von Benedikt Probst, Benediktiner-Regel, Eos-Verlag, Erzabtei St. Ottilien 1976, S. 14.

für die Gottsucher auch der späteren Generationen: Altväter im doppelten Sinn des Wortes.

Abbas nennen die Schüler ihren Meister – in weiblicher Form Amma. Denn es hat auch bedeutende „Wüstenmütter" gegeben. Abbas (unser deutsches Wort „Abt") bezeichnet hier noch nicht den Klostervorsteher, obwohl auch der Abbas genannt wird. Abbas ist einfach der geistliche Vater, sei er Eremit oder Klostermönch. Oft wird er auch einfach „der Alte" oder „der Greis" genannt – nicht erstlich um auf ein besonders hohes Lebensalter anzuspielen, sondern wegen seines Vorsprungs an Lebenserfahrung und geistig-geistlichem Unterscheidungsvermögen. Fast überall auf der Welt wird der Meister, der die Seelen leitet, sie spirituell führt, mit einem Titel benannt, der wörtlich übersetzt nichts anderes bedeutet als „alter Mann". Abbas (in den deutschen Übersetzungen meistens mit „Altvater" wiedergegeben) deutet auf einen hohen spirituellen Rang hin. Es galt nicht als Sache der Mönche, darüber zu befinden oder abzustimmen, wem dieser Rang zuzuerkennen sei. Wer ein Abbas ist – das wird sich erweisen. Hier geht es um eine innere Qualität, eine charismatische. Der Abbas ist Geistträger. Diese innere, zunächst einmal unsichtbare Qualität kann sich äußern, kann zutage treten, augenscheinlich werden. Dann, wenn dem Geistträger das geisterfüllte Wort gegeben wird. Das *Wort* ist es, das einen Mönch zum Altvater macht. Mit Redegewandtheit hat das nichts zu tun. Nicht einmal mit der Sprachgewalt eines erleuchteten Weisen. Der Abbas verkündet keine Lehren. Wenn aber ein ringender, ein suchender Mensch mit einer Frage zu ihm kommt, kann es geschehen, daß dem Altvater das richtige Wort geschenkt wird. Dann spricht er. Und er spricht nur dann, wenn sich das Wort in ihm einstellt. Er kann das *Wort* nicht ergreifen, es ist ihm nicht verfügbar. Es ist da in ihm, oder es ist eben nicht da. Dann schweigt er.

„Ein Bruder kam zum Altvater Ammoes, um von ihm ein Wort zu erbitten. Er blieb bei ihm sieben Tage, aber der Greis gab ihm keine Antwort. Als er ihn fortschickte, sagte er zu ihm: ‚Geh und habe selber auf dich acht! Denn zur Zeit sind meine

Sünden eine finstere Wand zwischen mir und Gott'" (WdV Nr. 133)[2].

Im Munde eines Guru oder eines Roshi kann man sich ein solches Wort kaum vorstellen!

Die Aussprüche dieser Frühchristlichen Meister – „Apophthegmata", Vätersprüche, werden sie in den späteren Sammlungen[3] genannt – sind also ganz konkret adressierte Zusprüche. Das Wort des Abbas ist, genau auf die innere Situation des um Weisung Bittenden bezogen, keine allgemeine Maxime des geistlichen Lebens.

Es geht immer um Antworten auf innerlich bedrängende Fragen – um „Antworten von äußerster Intensität", wie Gerhard Steege sagt. „Diese Intensität ist nicht von der Art gedanklicher Konzentration, sondern wirkt sich aus als Hingabe an einen Fragesteller. Der Antwortende wird zum Nächsten für den Antwortheischenden, weil die Eindringlichkeit der Frage die besondere Hingabe des Antwortenden erfordert. Fragen und Antworten geschehen nicht im Raum der mehr oder weniger alltäglichen Vorläufigkeiten menschlichen Lebens, sondern ihr Gebiet ist die Grenze. Es ist die Grenze, an die der Mensch gelangt, wenn ihm die Wirklichkeit des Bösen, des Leidens, der Vergänglichkeit offenbar wird, wenn ihn ein letztes Ungenügen am Leben überkommt... Die Fragen und noch mehr die Antworten sind eine starke Verdichtung der Lebensbezüge. Wir bewegen uns damit in einer Dimension, in der letzte Lebensfragen mit gültigen Antworten bedacht werden. Denn es gibt

---

[2] Steht „WdV" mit entsprechender Nummer hinter einem Text, so handelt es sich um ein Zitat nach: „Weisung der Väter – Apophthegmata Patrum, auch Gerontikon oder Alphabeticum genannt", eingeleitet und übersetzt von Bonifaz Miller, Lambertus Verlag, Freiburg i. Br. 1965.

[3] Die ältesten Sammlungen dürften aufs 5. Jahrhundert zu datieren sein; das in ihnen gesammelte Material an Vätersprüchen – Apophthegmata – geht aber zum Teil bis tief ins 4. Jahrhundert zurück. Die Fülle der Handschriften und die Unterschiedlichkeit ihrer Typen, je nachdem, wie man das überlieferte Spruchmaterial angeordnet hatte – alphabetisch nach dem Namen der zitierten Altväter (so in der griechischen Tradition) oder inhaltlich nach bestimmten Themengruppen (so in der lateinischen Tradition) –, lassen auf eine ungeheure Verbreitung der Apophthegmata in der Kirche des Ostens wie des Westens schließen. Vgl. Wilhelm Bousset, Apophthegmata – Studien zur Geschichte des ältesten Mönchtums, Verlag J. C. B. Mohr, Tübingen 1923.

durch die Jahrtausende hindurch, einst wie jetzt, keine wesentlichere Frage des Menschen, als die nach dem wahren Leben für ihn."[4]

Die folgenden fünf Kapitel über die Wegweisungen der frühchristlichen Meister werden uns in eine ferne Vergangenheit führen. Rund anderthalb Jahrtausende trennen uns von jenen Einsiedlern und Mönchen – Männern wie Frauen –, die vom Ende des 3. Jahrhunderts an vereinzelt, schon bald aber immer zahlreicher und schließlich zu Abertausenden in den Wüsten Ägyptens und Vorderasiens lebten.

„Grau" müssen wir diese Vergangenheit nicht nennen. Der Historiker stellt zufrieden fest, daß eine ganze Reihe geschichtlicher Dokumente über die „Wüstenväter" vorliegen. Spruchsammlungen der Vätersprüche (Apophthegmata), Geschichten aus dem Leben der Mönche, Erlebnisberichte, anschaulich und farbig, sind uns erhalten geblieben. Aus zeitgenössischer Feder, von Augen- und Ohrenzeugen! In diesen Schriften – die frühesten stammen aus dem 4. Jahrhundert – sind charakteristische Episoden aus dem Leben der Wüstenväter und viele ihrer Aussprüche festgehalten und so der Nachwelt überliefert worden.

Eine dieser Erzählungen möchten wir, einem Motto ähnlich den folgenden Kapiteln voransetzen. Die Geschichte handelt von einem Altvater Apollo. Sie beginnt zwar schockierend mit einem Mord, einem Sexualverbrechen, läßt aber bereits etwas von jener Heilbarkeit des Heil-losen ahnen, die für die Wegweisungen dieser frühchristlichen Meister so charakteristisch ist. Apollo muß ein besonders wüster Geselle gewesen sein, bevor er zu den Vätern in der Sketischen Wüste Unterägyptens stieß: Der Einfall zu einer solch gräßlichen Tat konnte nur aus einer verwahrlosten Seele kommen. Es wird ausdrücklich vermerkt, daß Apollo zuvor ein Hirt auf dem Lande gewesen sei, ein „ungebildeter" (und damit sollte wohl eher gesagt sein: „primitiver") Mensch.

„Einmal sah er auf dem Felde eine schwangere Frau, und

---

[4] „Weg und Wort der Väter" – ausgewählt, übersetzt und eingeleitet von Gerhard Steege, Evangelische Verlags-Anstalt, Berlin(-Ost) 1964, S. 9.

vom Teufel angestachelt, sagte er: ‚Ich will sehen, wie ein Kind im Mutterleib liegt.‘ Er riß ihn auf und sah das Kind. Und auf der Stelle schlug ihm das Herz. Zerknirscht ging er in die Sketis und bekannte den Vätern, was er getan hatte. Er hörte sie eben singen: ‚Die Tage unserer Jahre sind im ganzen siebzig Jahre, und wenn es hoch geht, achtzig, und was darüber ist, ist Arbeit und Plage‘ (Ps 89,10). Und er sagte zu ihnen: ‚Ich bin vierzig Jahre alt und habe nie gebetet. Und nun, wenn ich noch mal vierzig Jahre lebe, will ich unaufhörlich zu Gott beten, daß er mir meine Sünde verzeiht.‘ Er leistete keine Handarbeit, sondern betete immer: ‚Gesündigt habe ich als Mensch, sei du mir gnädig als Gott!‘ Und es wurde ihm dieses Gebet zur Beschäftigung bei Nacht und Tag... Und er erlangte volle Sicherheit, daß Gott ihm alle seine Sünden vergeben habe, auch die mit dem Weibe. Aber wegen des Kindes kam er nicht zur Gewißheit. Da sagte ihm einer von den Alten: ‚Gott hat dir auch die Sünde mit dem Kind vergeben, aber er beläßt dir die Mühe und den Schmerz, weil es deiner Seele nützlich ist‘“ (WdV Nr. 150).

Vielleicht erscheint uns diese Geschichte unwahrscheinlich, vielleicht halten wir es gar für psychologisch unmöglich, daß ein verwilderter Mensch unter dem Schock einer solchen Tat von heute auf morgen zum Beter und Büßer wird. Aber wir sollten versuchen, uns mit einem solchen Urteil zurückzuhalten, erst einmal abzuwarten, weil uns doch wohl eher die „einschlägigen Erfahrungen“ fehlen! Denn die dialogische Reue, die ihren Adressaten in Gott hat, ist strukturell etwas völlig anderes als monologische Schuldgefühle. Und hat auch völlig andere Wirkungen.

So fanden zwar viele Menschen bei diesen Frühchristlichen Meistern des Weges auch Heilung der Seele. Aber die seelenkundigen Wüstenmönche praktizierten nach andern Heilmethoden, als sie bei heutigen Psychotherapeuten üblich sind: sie setzten tiefer an als bei der Psyche der Psychologen, gleichsam am Zentralpunkt der Seele, bei ihrer Hinordnung auf Gott – und rollten von daher auch die Tiefenschichten der Psyche auf. Ein Mensch, der nach den Maßstäben heutiger Psychotherapie als psychisch gesund bezeichnet werden kann, konnte nach den spirituellen Maßstäben der Wüstenleute ein Mensch mit einer sehr kranken Seele sein. Dafür schloß umgekehrt die Seelenheilkunst dieser Mönchsväter eine geistig-geistliche Dimension mit ein, in der selbst das unmöglich Scheinende möglich werden kann. Hier gilt: Mag das Ausgangsmaterial unedelstes Metall sein – es kann doch zu Gold werden. Dazu haben diese frühchristlichen Meister, geistigen Alchemisten ähnlich, den „Stein der Weisen“ gefunden: für einen Wandlungs- und Verwandlungsprozeß freilich, der nur in Gang kommen kann, wenn die Trauer groß genug ist – die Trauer über das eigene Leben, über dieses nichtige, öde, verfehlte, vertane Leben, worin man das Entscheidende verpaßt hat, sich selbst verfehlt hat, eine Trauer, die sich nicht in unfruchtbaren Schuldgefühlen und Selbstvorwürfen erschöpft, die vielmehr zur „Trauerarbeit“ wird, zur Arbeit am Sinn des Lebens, am Sinn des eigenen Lebens.

„Der Anfang des Werkes, das die Väter setzten, ist die Trauer“, sagte Altvater Poimen (WdV Nr. 643). Und um *Werk* geht es, um Tun, nicht um Worte, wenn die Schuld des Lebens, der Sinn des Lebens, das Ziel des Lebens zur alles beherrschenden Frage wird. Um Praxis, nicht um Theorie!

Abbas Jakob sagte: „Man braucht nicht nur Reden. Denn es gibt viele Reden unter den Menschen in dieser Zeit. Was not tut, ist die Tat. Das wird gesucht, und nicht Reden, die keine Frucht bringen“ (WdV Nr. 398).

Man könnte meinen, dieses Wort sei heute gesprochen worden. Was bedeuten schon anderthalb Jahrtausende, wenn es um die Seele geht, um die Seele, die noch eine ganze Dimension mehr hat als die Psyche der Psychologen und Psychotherapeuten? Eine Dimension, zu der nur die Religion tastend, ahnend, Zugang findet. Die Seele des Menschen bleibt sich gleich. Semper idem! Der Fluß der Zeiten, die Ferne von Kontinenten ändert daran wenig. Die Träume verraten es, die Kunst läßt es ahnen, aus der Geschichte der Religionen kann man es erschließen. Es ist kein absurdes Unternehmen, den Bogen zu schlagen zur Welt der frühchristlichen Meister, um zu hören, was sie uns zu sagen haben. Mag ihre Welt von der unseren noch so verschieden sein!

An die Arbeit!

Im Jahr 394 macht sich in Jerusalem eine kleine Reisegesellschaft auf den Weg nach Ägypten: eine Erkundungsreise zu den Vätern in der Wüste. Nicht aus Neugier, nein, zum Nutzen der Seele, wie der Verfasser des Berichtes über diese Reise in seinem Prolog sagt. Man habe das, was man bereits vom Hörensagen kannte, mit eigenen Augen sehen wollen. Der Weg führt die siebenköpfige Gruppe durch die Einsiedeleien und Klöster Ober- und Unterägyptens, zu den Höhlen, Felsspalten, Erdlöchern und sonstigen Unterkünften berühmter Eremiten. Frucht dieser geistlichen Exkursion ist in Gestalt eines Reiseberichtes die berühmte „Geschichte der Mönche in Ägypten“; um das Jahr 400 taucht sie fast gleichzeitig in einer lateinischen und einer griechischen Version auf, so daß man bis zum heutigen Tag nicht sicher weiß, was Urfassung und was Übersetzung ist. Die sechsundzwanzig Porträtskizzen berühmter Väter sind nicht von einem biographischen Interesse diktiert. Da ist ein begeisternder Funke übergesprungen: man hat etwas gesehen, mitangehört oder auch nur erzählt bekommen, was einem selbst Mut zum geistlichen Kampf gibt. Ein Vorbild leuchtet auf und läßt die Herrlichkeit der Tugend vor den Augen dieser um Tugend Ringenden erstrahlen. Da ist etwa Altvater Theon, den die aus Jerusalem Gekommenen in der Thebäischen Wüste trafen.

„Er war ein heiliger Mann, der allein in seiner Hütte eingeschlossen lebte und dreißig Jahre lang Schweigen bewahrt hatte. Da er gewaltige Wunderwerke vollbrachte, galt er in seiner Umgebung als Prophet. Täglich zog nämlich die Schar der Kranken zu ihm hinaus. Durch die Fensteröffnung legte er ihnen die Hand auf und hieß sie dann wieder gesund weggehen. Sein Antlitz war das eines Engels. Freundlich glänzten seine Augen. Er war ganz gnadeerfüllt. – Vor kurzem kamen Räuber aus der Ferne bei Nacht zu ihm. Sie glaubten, bei ihm reichlich Geld zu finden. Als sie ihn umbringen wollten, betete er. Daraufhin blieben sie wie festgebannt an der Tür stehen bis zum Morgen. Morgens kamen die Besucher und sahen die Räuber. Sie wollten sie dem Feuer übergeben. Da war Theon einmal gezwungen, ein Wort an sie zu richten (sein Schweigen also zu brechen), und sagte: ‚Lasset diese geheiligt fortgehen. Denn sonst wird von mir die Gabe der Heilungen weichen.' Sie hörten auf ihn und wagten nichts dagegen einzuwenden. Alsbald gingen die Räuber zu den Mönchen in die ringsum liegenden Klöster. Sie änderten ihre Lebensart und bereuten ihre Taten."[5]

Bereits im Prolog hatte der Verfasser des Reiseberichtes eine Art Fazit seiner Erfahrungen mit den Worten wiedergegeben: „Ich habe diese Mönche gesehen, ihre schöne Liebe und harte Askese erlebt." „Das Volk stützt sich auf deren Gebete gleichsam wie auf Gott selbst." „So wirkt unser Erlöser durch sie Wunder. Allen Menschen dort in Ägypten ist es ganz offenkundig, daß durch sie allein der Erdkreis noch Bestand hat, daß ihretwegen noch das Menschengeschlecht vor Gott besteht und das Menschenleben noch beachtet ist in Gottes Augen."[6]

Das nämlich verstand sich für den Verfasser keineswegs von selbst. Wer damals „Nerven" hatte, fühlte die Erschütterungen und ersten Risse, die durch den ganzen damals bekannten „Erdkreis" gingen. Längst war diese Welt ins Wanken geraten, wenn auch noch niemand ahnen konnte, wie gründlich sie zusammenstürzen würde.

Wir stehen mitten in den Wirren der Völkerwanderungszeit. Im Jahr 395 waren die beiden Reichshälften – die weströmische und die oströmische – endgültig getrennt worden. Eine politische Maßnahme von höchster geschichtlicher Tragweite, von

---

[5] „Mönche im frühchristlichen Ägypten" – Historia Monachorum in Aegypto, übersetzt, eingeleitet und erklärt von Suso Frank, Patmos-Verlag, Düsseldorf 1967, S. 61f.

[6] Mönche im frühchristlichen Ägypten, a.a.O. S. 30.32.

der man sich damals – knapp zwanzig Jahre nach der verhängnisvollen Niederlage gegen die Westgoten in der Schlacht von Adrianopel – eine bessere Sicherung der Reichsverteidigung erhoffte. Kaiser Arcadius war der erste oströmische Kaiser nach der Trennung zwischen Byzanz und Rom. Unter ihm war ein gewisser Lausos Kämmerer – Präsident der Kaiserlichen Kammer, können wir etwa sagen, oder auch Finanzminister des Kaisers. Lausos verdankt es freilich nicht seinem hohen Staatsamt, wenn sein Name in die Geschichte eingegangen ist, sondern der Tatsache, daß eine der bedeutendsten Schriften über die Meister in der Wüste seinen Namen trägt. Er hat sie nicht geschrieben, aber er hat sie angeregt, und darum ist sie ihm gewidmet worden.

Damals wurde am Kaiserhof viel über die Leute in der Wüste gesprochen. Lausos, aus hohem Adel gebürtig, ein Mann von Bildung und Kultur, bewundert wegen der Kunstschätze in seinem Palast – darunter der Olympische Zeus des Phidias –, wurde von diesen Nachrichten aufs tiefste bewegt, erregt und aufgewühlt. Er drängt, ja bedrängte den ihm befreundeten Bischof Palladius, ihm von den Altvätern in der Wüste Genaueres zu berichten. Palladius kam schließlich diesem Wunsche nach. Seine Schrift ging als „Historia Lausiaca“ in die Geschichte ein.

Palladius war wie berufen dazu, das Leben der Wüstenväter zu beschreiben. Als er sich ans Werk machte, war er bereits seit dreiunddreißig Jahren Mönch. Zwölf Jahre, von etwa 388 bis 400, hat er bei den Mönchen in Ägypten gelebt. Viele berühmte Altväter hat er persönlich gekannt, hat die Härte ihrer Entbehrungen mit eigenen Augen gesehen, aber auch die Strahlkraft ihrer Persönlichkeit erfahren. Er war Zeuge so manchen Sieges in den Kämpfen der Wüste; aber auch die nicht seltenen Niederlagen konnten ihm nicht verborgen bleiben. Von „Niederlagen“ konnte auch er sein eigenes Lied singen. Der erste Altvater, den er im stürmischen Elan jugendlicher Begeisterung um Einführung ins Einsiedlerleben gebeten hatte, nahm ihn nicht gleich als Schüler an, sondern gab ihn zu einem strengen Asketen in eine Art Vorschule. Der Meister habe sofort gesehen, schreibt Palladius, „daß meine strotzende Jugendkraft heilsamer Lehren weniger als körperlicher Anstrengung bedurfte, weshalb er mich wie ein erfahrener Fohlenbändiger ... in die Einsiedeleien führte" zu dem alten Asketen Dorotheus[7]. Drei Jahre sollte Palladius dessen Leben teilen, so forderte der Meister von ihm, erst dann könne er zu ihm kommen, um „Unterricht im geistlichen Leben" zu erhalten. Aber Palladius hielt drei Jahre nicht durch, ging früher weg – die Lebensweise dieses Asketen war ihm zu hart. Später wurde er Schüler des berühmten Evagrius Pontikus.

Aber auch im Bannkreis vieler anderer Meister hat Palladius längere Zeit gelebt. Zahllose Klöster und Einsiedeleien hat er aufgesucht, nicht nur in Ägypten, auch in Mesopotamien, Palästina, Syrien, Italien. Zu Fuß habe er das ganze Römerreich durchwandert, sagt er, und jede Reisebeschwerde gerne auf sich genommen, um einen Gottesfreund zu treffen und durch ihn etwas zu gewinnen, was ihm selbst noch mangele.

Was er dem Lausos rät, hat er zuvor am eigenen Leib erprobt. „Wie man ein helles Fenster aufsucht, wenn man eine Schrift mit feinen Buchstaben entziffern will, so suche den Umgang mit heiligen Männern und Frauen, damit du an solchem Maßstab dein eigenes Herz ergründest und es erkennst, wenn du leichtsinnig und sorglos werden solltest."[8] Und da dem kaiserlichen Kämmerer das hohe Staatsamt keine Zeit lassen wird, in eigener Person die Väter aufzusuchen, will Palladius durch seine Schrift eine geistige Brücke zu ihnen schlagen. Das ist die Intention seines Unternehmens, darum hat er die Mühe der Niederschrift auf sich genommen. Er hofft, daß diese siebzig Einzelskizzen über große Männer und Frauen der Wüste dem Lausos als ein nie versagendes „Arzneimittel" dienen werden (wie Palladius es nennt) – als Medizin wider allen „Wankelmut" und alles „kleinliche Haften an irdischen Dingen", als Heilmittel gegen „ängstliches Zaudern" in seinem Charakter, gegen „Jähzorn", „Traurigkeit" und „grundlose Furcht"[9].

---

[7] Palladius, Leben der heiligen Väter (Historia Lausiaca), übersetzt von St. Krottenthaler, Bibliothek der Kirchenväter, Verlag J. Kösel, Kempten 1912, S. 12.
[8] Palladius, a. a. O. S. 10. [9] Palladius, a. a. O. S. 6.

Wankelmut, ängstliches Zaudern, grundlose Furcht: lauter Symptome einer müden, lahmen, erschlafften Seele. Nicht den geringsten Schritt wird man weiterkommen, wenn man sich nicht „ermannt“ und sich endlich mit männlichem Mut an die Arbeit macht. Mit Vorliebe nennen die Altväter ihr Ringen um inneren Fortschritt „Arbeit“, eine Arbeit, die männliche Tatkraft und männlichen Mut erfordert, weshalb Palladius an den Frauen unter den Wüstenleuten auch ihre geradezu „männliche“ Beherztheit rühmt.

Zaudern ist der fatalste Hemmschuh nach den Wegweisungen der frühchristlichen Meister. Wie kann einer „fortschreiten“, wenn er sich überhaupt nicht auf den Weg macht, und zwar *heute* sich auf den Weg macht! „Morgen, morgen, nur nicht heute, sagen alle faulen Leute“ – das weiß auch die Volksweisheit seit jeher. Der Faule, Zaudernde, Zögernde, liebt es, seine Unentschlossenheit zu maskieren. Als müsse erst mal lange überlegt und geplant, gründlich analysiert und reflektiert werden. Aber all dieses unendliche Bedenken und Bereden, was alles man anders machen müßte, hilft nicht einen Schritt weiter, solange man sich nicht an die Arbeit macht. Und zwar ab sofort! An die Arbeit nämlich, die man schon heute in Angriff nehmen, schon heute tun kann. Wobei der Grundsatz gilt: Laß dich nur nicht durch den Ausblick auf das, was alles noch zu bewältigen sein wird, kopfscheu machen!

Da war unter den Mönchen in der Wüste ein Bruder einer Versuchung erlegen, geriet darüber in Verwirrung und ließ schließlich alles schleifen. Als er wieder anfangen wollte, wie ein Mönch zu leben, hielt ihn wiederum diese Verwirrung davon ab. Er sagte sich: Wann werde ich je wieder *so* sein können, wie ich zuvor war?

„Dabei verlor er den Mut und konnte es so niemals zu einem Anfang bringen. Da ging er zu einem Altvater und erzählte ihm, was mit ihm geschehen war. Der Greis hörte sich an, was ihn bedrückte, und gab ihm dann dieses Beispiel zu hören:

‚Irgendein Mann besaß einen Acker, den er aber aus Nachlässigkeit verwildern ließ, so daß er von Disteln und Dornen übersät war. Später aber wollte er ihn wieder urbar machen und sagte zu seinem Sohne: Geh und reinige den Acker! Der Sohn ging hin, um ihn zu reinigen. Als er ihn aber betrachtet hatte, sah er die Menge des dort wachsenden Unkrauts und sprach ganz entmutigt zu sich selbst: Wie soll ich das alles ausrotten und fortschaffen? Und er warf sich zur Erde und schlief. Und so machte er es viele Tage. Als sein Vater kam, um nachzusehen, was er bereits gearbeitet hatte, fand er ihn müßig. Und er fragte ihn: Warum hast du bis jetzt nichts getan? Der Jüngling erwiderte seinem Vater: Als ich gekommen war, um zu arbeiten, sah ich die Unmenge von Disteln und Dornen, und da wußte ich nicht, wo ich anfangen sollte, und vor Unmut legte ich mich auf die Erde und schlief. Der Vater entgegnete ihm: Mein Sohn, arbeite täglich nur so viel, als dein Körper, wenn du liegst, Raum einnimmt, und so wird deine Arbeit allmählich voranschreiten, und du wirst dabei nicht verzagt sein. Als der Jüngling das gehört hatte, handelte er danach, und in kurzem war der Acker gereinigt und urbar gemacht. – Mache auch du, Bruder, es so, arbeite nach und nach, so wirst du den Mut nicht verlieren, und Gott wird dich wieder in deine frühere Ordnung einsetzen durch seine Gnade.

Als der Bruder das gehört hatte, ging er fort und tat, wie ihm der Greis gesagt hatte, indem er geduldig ausharrte. Und so fand er seine Ruhe und brachte es durch den Herrn Christus wieder vorwärts" (WdV Nr. 1151).

Der Mut, anzufangen und, wenn's danebengegangen ist, von neuem anzufangen, kennzeichnet nach Meinung der Wüstenväter den richtigen „Arbeiter". „Altvater Moses fragte den Altvater Silvanos: ‚Kann der Mensch täglich einen neuen Anfang machen?' Der Greis antwortete: ‚Wenn er ein Arbeiter ist, kann er sogar jede Stunde einen Anfang machen'" (WdV Nr. 866). Und bei zwei großen Altvätern war es genau dieser Punkt, den man am rühmenswertesten an ihnen fand. „Man erzählt von Abbas Or und Abbas Theodor: sie machten gute Anfänge und dankten Gott in allem" (WdV Nr. 941).

Ein moralischer Fehltritt, in dieser Welt der um Läuterung Ringenden gewiß keine Bagatelle, wurde darum auch nicht als geistliche Katastrophe betrachtet. Vorausgesetzt, der zu Fall Gekommene stand wieder auf und fing mit neuem Mut von vorne an.

„Als ein Altvater in der Sketis erkrankte, bedienten ihn Brüder. Und wie der Greis sah, wie sehr sie sich um ihn mühten, sprach er: ‚Ich gehe nach Ägypten, um diese Brüder zu entlasten.' Da sagte Abbas Moses zu ihm: ‚Geh nicht, sonst fällst du in Unzucht!' Jener aber sagte betrübt: ‚Mein Körper ist tot, und du sagst mir das?' Er erhob sich also und ging nach Ägypten (das heißt: in das kultivierte und bewohnte Ägypten des Nilstromlandes). Als die herumwohnenden Leute das vernahmen, brachten sie ihm viel. Unter anderem kam auch eine gläubige Jungfrau, um dem kranken Altvater ihre Dienste anzubieten. Aber nach einiger Zeit, als es ihm schon etwas besser ging, ging er zu ihr ein, und sie empfing von ihm. Als sie von den Bewohnern des Ortes gefragt wurde, von wem sie empfangen habe, antwortete sie: ‚Von diesem Altvater!' Jene wollten ihr nicht glauben. Der Greis jedoch sagte: ‚Ich habe das getan. Aber ich bitte euch, bewahret mir das Kind, das sie gebiert.' Als diese einen Knaben geboren und ihn entwöhnt hatte, nahm der Alte das Kind auf seine Schultern, und an einem Festtag in der Sketis ging er hin und betrat vor der ganzen Menge der Brüder die Kirche, so daß alle, die ihn sahen, weinten. Er aber sagte: ‚Seht ihr dieses Kind? Es ist der Sohn meines Ungehorsams. Hütet euch also, Brüder, denn ich habe das in meinem Greisenalter getan, und betet für mich!' Und er ging in sein Kellion (seine Zelle) und kehrte zum früheren Lebenswandel von neuem zurück" (WdV Nr. 1220).

Zähigkeit braucht der geistige Kämpfer. Wie einer, der im Ring steht, der immer wieder zu Boden muß und der doch das Handtuch nicht wirft! „Athleten" werden denn auch die Väter der Wüste nicht selten genannt – entsprechend dem Pauluswort: „Wißt ihr nicht, daß die Läufer in der Kampfbahn zwar alle laufen, aber nur einer den Siegespreis erhält? Laufet so, daß ihr ihn gewinnt" (1 Kor 9,24). Darum stand die Askese bei ihnen im höchsten Ansehen. Askese heißt „Übung", „Training", wie wir heute sagen würden. Durch konsequentes Üben kann man eine angestrebte Kondition erreichen. Das gilt nicht nur für den Sportler, das ist gültig auch im seelischen und geistlichen Leben. Kondition ist die erforderliche Verfassung, durch die man zu bestimmten Leistungen tauglich ist. Und um seelische und geistliche „Tauglichkeiten" geht es schließlich bei den Tugenden, wie bei dem deutschen Wort „Tugend" noch herauszuhören ist. Wenn der Christenmensch auf Schritt und Tritt immer noch wie der „alte Adam" reagiert und handelt, so deshalb, weil er die rechte spirituelle Kondition eines Christen noch nicht erlangt hat, die christlichen Tugenden bei ihm noch nicht entwickelt sind. Wobei, was den Christen tauglich macht, als Christ zu handeln, weithin identisch ist mit dem, was den Menschen tauglich macht, wahrhaft „menschlich" zu handeln. In dem dazu erforderlichen Konditionstraining (Thema des nächsten Kapitels) haben es die Altväter zur Meisterschaft gebracht.

„Einer sprach zum seligen Arsenios: ‚Wie kommt es, daß wir (Menschen) von so hoher Bildung und Philosophie nichts haben, diese Landsleute und Ägypter dagegen so große Tugenden besitzen?' Der Altvater entgegnete ihm: ‚Wir haben von der weltlichen Bildung nichts, aber die ägyptischen Landleute haben durch eigene Bemühung die Tugenden erworben' " (WdV Nr. 43).

Aber klingt das nicht nach Selbsterlösung? Die frühchristlichen Meister hätten einer solchen Interpretation völlig verständnislos gegenübergestanden. Nicht erst der Sieg, auch schon der Kampf stand für sie im strahlenden Licht der Erlösung. Daß einer überhaupt kämpfen will, zeigt doch, wie machtvoll das Gute, wie machtvoll *der* Gute ihn bereits anzieht. Viele Jahrhunderte später sollte im fernen Germanien auf einem Reliquiar der Stiftskirche zu Fritzlar (etwa um 1150 zu datieren) ein Reimhexameter die gleiche Erkenntnis aussprechen:

Currere currentis non est nec velle volentis.
Neutrum credentis, sed utrumque Dei miserentis.

„Das Laufen gehört nicht dem Läufer und das Wollen nicht dem Wollenden.

Auch beides nicht dem Gläubigen, sondern beides dem erbarmenden Gott.“[10]

In der Sprache der Theologie könnte man sagen: Alles ist Gnade – aber eine faul machende Gnade ist keine Gnade. Der Mensch wird nicht passiv gemacht, sondern zu höchster geistig-seelischer Aktivität angereizt und befähigt. Nicht erst im Siegen, schon im Kämpfen ist eine andere Macht mit im Spiel. Auch trägt schon das Arbeiten, nicht erst der Erfolg seinen Lohn in sich selbst. So sehen wir sie kämpfen, diese Männer und Frauen der Wüste – um geschlechtliche Enthaltung, gegen die Leidenschaft des Zorns, gegen den Drang, über andere zu urteilen, gegen Selbstüberhebung und Stolz bis in die allerfeinsten (dem Normalmenschen gar nicht mehr wahrnehmbaren) Verästelungen hinein. Oft genug scheint's, als wäre alles Kämpfen letztlich vergeblich, als folgte jedem Sieg schließlich doch eine neue Niederlage nach. Aber das hier zuständige Kampfgericht hat seine eigene Logik. Es spricht den Siegespreis auch dem zu, der zwar das Ziel nicht erreicht, weil er dauernd stürzt, der aber immer wieder aufspringt und weiterläuft. Weil der Kampfrichter die Augen zudrückt? Nein, weil er genauer sieht! Wie die Seele sich unmerklich ändert und verwandelt – durch das Kämpfen selbst.

„Ein Greis wurde zehn Jahre lang aufs heftigste von seinen Gedanken versucht, so daß er nahe am Verzweifeln war und zu sich sprach: ‚Ich habe meine Seele schon verloren, und da ich nun einmal verloren bin, will ich in die Welt zurückkehren.‘ Und als er nun wirklich sich aufmachte, begegnete ihm eine Stimme, die zu ihm sprach: ‚Die zehn Jahre, in denen du gekämpft hast, werden einst dein Ruhm sein. Kehre also an deinen Ort zurück, und ich werde dich von allen schlechten Gedanken befreien‘“ (WdV Nr. 1137).

Und von Amma Sarrha, einer der großen Wüstenmütter, erzählt man: „Dreizehn Jahre hielt sie aus, gewaltig angefochten vom Dämon der Unreinheit. Niemals betete sie, daß der Kampf

---

[10] Wolfram von den Steinen, Homo Caelestis – Das Wort der Kunst im Mittelalter, Francke-Verlag, Bern – München 1965, Textband S. 259.

aufhöre, vielmehr betete sie: ‚O Gott, gib mir Kraft!' " (WdV Nr. 884).

Leute von hoher Bildung, in den Weisheitslehren der Philosophen bewandert, wunderten sich also damals, daß ihnen diese „Ägypter" an Tugend so weit überlegen waren, und damit an Adel der Seele. Schließlich stammten nicht wenige Altväter aus primitiven Verhältnissen – waren von Haus aus arme, ungebildete Fellachen, die nicht einmal die Kultursprachen der damaligen Welt beherrschten, die weder Griechisch noch Latein verstanden, sondern nur koptisch (neuägyptisch) sprachen. Andere Wüstenväter freilich waren höchst gebildete, ja gelehrte Männer gewesen. Doch ob gelehrt oder nicht gelehrt – was sie alle von den „Philosophen" und anderen Männern von Kultur und Bildung unterschied, war, daß sie es mit dem Tun hielten statt mit dem Reden, daß sie nicht viele Worte machten, sondern gleichsam die Ärmel hochkrempelten und sich an die „Arbeit" machten. Nicht das interessierte sie, warum einer so ist, wie er ist, sondern was er tun muß, um so zu werden, wie er werden soll. Dieses nüchterne Pathos der „Arbeit" läßt von den Wüstenvätern eine Kraft der Ermutigung ausgehen. Diese frühchristlichen Meister wissen das notwendige Wort gerade für die Menschen unserer Zeit, für die Skepsis und Erschlaffung so charakteristisch sind und die darum wie jener Kaiserliche Kämmerer Lausos eines kräftigen Rippenstoßes bedürfen, um gegen „Wankelmut" und „ängstliches Zaudern", gegen „Trauer" und „grundlose Furcht" tatkräftig *anzugehen* (im buchstäblichen Sinn des Wortes).

In der Kampfbahn

Etwa um das Jahr 385 zogen zwei junge Mönche – Johannes Cassian und sein Freund Germanus – von Bethlehem nach Ägypten. Ihre Mönchslehrzeit hatten sie hinter sich. Nun wollten sie zu den Mönchsvätern in den Wüsten Ober- und Unterägyptens, deren legendärer Ruhm die ganze Christenheit der damaligen Welt durchdrang. Längst hatte deren Beispiel auch anderswo gezündet: in den Ländern Vorderasiens, in Palästina, Syrien, Mesopotamien. Selbst in den fernen Ländern des Westens, in Italien, Gallien, fing man an, das Leben der ägyptischen Mönche nachzuahmen. Denn damals war zwischen östlicher und westlicher Kirchenhälfte eine ähnliche Phasenverschiebung zu beobachten wie heute zwischen Amerika und Europa. Was immer in dieser krisenhaften, aber zugleich geistig fruchtbaren Zeit an Neuaufbrüchen christlichen Lebens und christlicher Lehre geschah, kam zunächst im Osten ans Tageslicht und wurde erst mit geraumer Verspätung auch im Westen sichtbar und wirksam.

Und gerade jener Johannes Cassian, der da mit seinem Freund von Bethlehem nach Ägypten zog, sollte in diesem Prozeß eine wichtige Rolle spielen. Um etwa 360, wahrscheinlich in der Dobrudscha geboren, war er in der lateinischen wie in der griechischen Sprache und Kultur gleicherweise zu Hause, wie berufen also, um zwischen Ost und West zu vermitteln, zwischen beiden geistigen Welten eine Brücke zu schlagen.

Rund vierzehn Jahre – bis etwa 400 – hielt sich Cassian bei den ägyptischen Mönchen auf und unternahm zwei ausgedehnte Reisen durch die verschiedenen Mönchsniederlassungen. Am Abend seines Lebens, als Cassian längst in Südfrankreich war, in der Nähe von Marseille, als Abt eines von ihm gegründeten Klosters, sollten die Erlebnisse und geistlichen Erfahrungen dieser Wüstenzeit ihre späte literarische Frucht bringen. Cassian verfaßte zwei Schriften: eine davon ist den „Einrichtungen" der ägyptischen Klöster gewidmet und gibt Einblick in das äußere und innere Leben solcher Mönchsgemeinschaften; die andere Schrift beschreibt Cassians „Unterredungen" mit berühmten ägyptischen Altvätern. Diese beiden Werke, die „Einrichtungen" („Institutiones") und die „Unterredungen" („Collationes"), sollten für die Geschichte der Kirche zu einem Jahrtausendwerk werden. Cassian hat durch seine Schriften der Kirche des Westens die Spiritualität der Frühchristlichen Meister vermittelt und ist dadurch zu einer Schlüsselgestalt abendländischer Spiritualität und Askese geworden.

Benedikt von Nursia fußt auf Cassian, den er in seiner weltberühmten Mönchsregel ausgiebig zitiert und ausschreibt. „Der Cassian" war des heiligen Benedikt „liebstes Buch", sagt der Laacher Benediktiner Emmanuel von Severus. Es kam für ihn gleich nach der Heiligen Schrift. Auf Cassians „Einrichtungen" und „Unterredungen" wies Benedikt seine Mönche hin: hier seien die vorzüglichsten Weisungen für das geistliche Leben, für das Streben nach Tugend zu finden[11].

Aber nicht nur die benediktinische Tradition steht im Banne Cassians und über Cassian im Strahlfeld der frühen Meister – auch Dominikus und Thomas von Aquin, der Fürst der mittelalterlichen scholastischen Theologie, die Häupter der spanischen Mystik, Teresa von Ávila und Johannes vom Kreuz, Ignatius von Loyola, der Gründer des Jesuitenordens, die „Nachfolge Christi" des Thomas von Kempen, die Bewegung der Devotio moderna (um wenigstens einige Namen zu nennen). Sie alle, und gerade die großen Mystiker, ließen sich inspirieren von einer Askese, die auf Anhieb so nüchtern, ja strohtrocken wirkt.

---

[11] Emmanuel von Severus, Das Glutgebet – Zwei Unterredungen aus der Sketischen Wüste. Aus dem Lateinischen des Johannes Cassianus ausgewählt, übertragen und kurz erläutert, Patmos-Verlag, Düsseldorf 1966, S. 15.

Die Askese nämlich ist es, von der nach Meinung der alten Meister, wenn überhaupt geredet werden soll, zuallererst zu reden ist. Dazu gibt es eine aufschlußreiche Geschichte von Abbas Poimen, einem der Größten unter den ägyptischen Altvätern, der den Vater der Wüstenmönche, Antonius den Großen, noch persönlich gekannt hat.

Ein Bruder, der in der Nähe von Altvater Poimen lebte, wohl ein Schüler von ihm, traf einmal in der Fremde einen Einsiedler, der „sehr stark in der Liebe war und daher von vielen aufgesucht wurde", wie der Erzähler mit bewußter Betonung anmerkt. Der Bruder erzählte dem Eremiten von Altvater Poimen und rühmte dessen Tugend. Das ließ den Einsiedler wünschen, mit einem so heiligen Mann sich einmal über geistliche Dinge unterreden zu können. Als jener Bruder wieder nach Ägypten zurückgekehrt war, machte sich eines Tages auch der Eremit auf den Weg und suchte zunächst einmal jenen Bruder auf.

„Als jener ihn sah, wunderte er sich und freute sich sehr. Der Einsiedler sprach nun: ‚Erweise mir den Gefallen, und bringe mich zum Abbas Poimen.' Der Bruder nahm ihn also mit zum Altvater, stellte ihn vor und sagte: ‚Er ist ein großer Mann und genießt in seiner Gegend großes Ansehen und viel Liebe. Ich erzählte ihm von dir. Nun ist er selbst gekommen, um dich zu sehen.' Poimen nahm ihn mit Freuden auf; sie begrüßten einander und setzten sich. Der Fremde begann zu reden: von der Heiligen Schrift, von geistlichen und himmlischen Dingen. Da wandte Abbas Poimen sein Haupt ab und gab ihm keinerlei Antwort. Als der Einsiedler sah, daß er nicht mit ihm sprach, ging er betrübt davon und sagte zu dem Bruder, der ihn hergebracht hatte: ‚Ich habe diese ganze Wanderung umsonst gemacht. Denn ich kam zu dem Greis, aber siehe, er will nicht mit mir reden.' Da ging der Bruder zu Altvater Poimen hinein und sagte: ‚Vater, deinetwegen kam dieser große Mann, der in seiner Gegend ein so großes Ansehen besitzt. Warum hast du denn nicht mit ihm gesprochen?' Der Greis gab zur Antwort: ‚Er wohnt in den Höhen und spricht Himmlisches, ich aber gehöre zu denen drunten und rede Irdisches. Wenn er von den Leidenschaften der Seele gesprochen hätte, dann hätte ich ihm wohl Antwort gegeben. Wenn er aber über Geistliches spricht, so verstehe ich das nicht.‘ Der Bruder ging wieder hinaus und sagte zu dem Einsiedler: ‚Der Greis redet nicht leicht von der Schrift, aber wenn jemand mit ihm von den Leidenschaften der Seele spricht, dann gibt er Antwort.‘ Jener besann sich, ging wieder zum Altvater hinein und sprach zu ihm: ‚Was soll ich tun, wenn die Leidenschaften der Seele über mich Macht gewinnen?‘ Da achtete der Greis freudig auf ihn und sagte: ‚Jetzt bist du richtig gekommen, nun öffne deinen Mund für diese Dinge, und ich werde ihn mit Gütern füllen.‘ Der aber hatte großen Nutzen und sagte: ‚Wahrhaftig, das ist der rechte Weg!‘ Und mit Dank gegen Gott kehrte er in sein Land zurück, weil er gewürdigt worden war, mit einem solchen Heiligen zusammenzutreffen“ (WdV Nr. 582).

Kampf gegen die Leidenschaften! Das ist das richtige Thema für die Frühchristlichen Meister. Denn damit fängt alles an. Und wer das nicht begreifen will, fängt überhaupt nie richtig an. Freilich hat das Wort „Leidenschaft“ für die Altväter – wie wir noch genauer sehen werden – einen sehr spezifischen und wesentlich engeren Sinn, als wir heute damit verbinden. Wir brauchen das Wort meist großzügig und vornehmlich in positiver Bedeutung. Sagen wir etwa, jemand engagiere sich leidenschaftlich für etwas, so hat das einen bewundernden Unterton. Mit Recht! Die Mönchsväter dagegen nannten „Leidenschaften“ die Gegenspieler der Tugend: *Verstrickungen* der Seele in *süchtiges* Verlangen nach Besitz, Ehre, Macht, Ruhm, Geltung, Genuß. Für sie waren Tugend und Leidenschaft Antipoden im Kraftfeld der Seele. Bedeutet „Tugend“ die rechte Kondition, um richtig, um „gut“ zu handeln, so sind mit „Leidenschaften“ jene impulsiven Regungen der Seele gemeint, die dem Ich in seinen *egoistischen* Strebungen Befriedigung verschaffen sollen: Neid etwa, Zorn, Eifersucht, Wut, Genußsucht, Machtgier, Geltungssucht. Für die Väter ist darum der Kampf gegen die Leidenschaften das A und O des geistigen Ringens. Du kannst nicht sanftmütig werden, gütig gegen jedermann – so sagen sie –, wenn du nicht zunächst einmal die Leidenschaft des

Zornes in dir bekämpfst. Das heißt: Du wirst niemals einfühlsam und verstehend mit deinen Mitmenschen umgehen können, wenn du dich durch ihr Verhalten reizen läßt, wenn dauernd die Sicherungen bei dir durchbrennen und du aufbrausend und wütend reagierst.

„Altvater Makarios der Ägypter sagte: ‚Wenn du einen zu tadeln hast und dabei in Zorn gerätst, dann befriedigst du deine eigene Leidenschaft. Statt daß du andere rettest, verdirbst du dich selbst' " (WdV Nr. 479).

Eine Leidenschaft befriedigen bedeutet sie nähren. Bei der nächsten Attacke wird sie dann um so unwiderstehlicher sein. Leidenschaften muß man aushungern, indem man den Anwandlungen widersteht. Je konsequenter man das befolgt, um so schwächer werden sie. Höchste Wachsamkeit ist geboten, damit man es bemerkt, wenn die Leidenschaft anfängt sich zu regen. Man darf ihr gar nicht erst Raum in der Seele geben. Hat sie sich erst einmal richtig ausgedehnt, kann man sie kaum mehr eindämmen. „Laß die Sonne nicht untergehen über deinem Zorn", heißt es schon in der Bibel. Es ist leichtsinnig, den Kampf aufzuschieben, wenn die Leidenschaft anfängt sich zu rühren, wenn sie sozusagen das Maul aufreißt und ihr Futter verlangt – ihre Gier steigert sich sonst, bis man ihr nicht mehr Widerstand leisten kann.

Wer je einmal ernsthaft versucht hat, sich eine „Leidenschaft" abzutrainieren – Rauchen etwa oder Trinken –, kennt aus Erfahrung alle diese Mechanismen, die immer wieder nach demselben Schema ablaufen.

„Abbas Joseph fragte den Abbas Sisoes: ‚In welcher Zeit muß der Mensch seine Leidenschaften ausrotten?' Der Greis antwortete: ‚Die Zeiten willst du erfahren?' Abbas Joseph sagte: ‚Ja!' Darauf sagte der Greis: ‚Zur Stunde, in der die Leidenschaft kommt, rotte sie aus!' " (WdV Nr. 825).

Sie völlig auszurotten wird freilich nicht gelingen. Es ist ein wesentliches Element in den Wegweisungen dieser frühen Meister, jedem Menschen zu sagen: Du steigst nie so hoch, daß du nicht jederzeit wieder abstürzen kannst. Selbst wenn du bereits die höchste Stufe erklommen haben solltest! Der Kampf ist nie zu Ende, solange du lebst. Niemand ist vor seinem Tod am Ziel. Es gibt keine Entlassung aus der Kampfbahn, solange das Leben währt.

Man erzählte von einem Altvater: Fünfzig Jahre verbrachte er, ohne Brot zu essen oder Wein zu trinken. Und er sagte: ‚Die Buhlerei habe ich umgebracht und die Habsucht und den eitlen Ruhm.' Da kam zu ihm der Altvater Abraham und sagte zu ihm: ‚Hast du wirklich dieses Wort gesagt?' Er antwortete: ‚Ja.' Da sprach zu ihm der Altvater Abraham: ‚Siehe, du gehst in dein Kellion (deine Zelle) und findest auf deiner Matte ein Weib. Kannst du denken, daß es kein Weib ist?' Er sagte: ‚Nein, aber ich kämpfe mit dem Gedanken, es anzurühren.' Da sprach zu ihm der Altvater Abraham: ‚Siehe, du hast also die Leidenschaft nicht getötet, sondern sie lebt noch in dir! Sie ist nur gefesselt. Wiederum: Wenn du herumgehst, Steine und Tonscherben siehst, und mittendrin Gold – kann dein Verstand es anschauen wie das andere?' Er sagte: ‚Nein – aber ich kämpfe mit dem Gedanken, es aufzuheben!' Da sprach der Greis: ‚Siehe, auch die Habsucht lebt noch in dir, wenn sie auch gebunden ist!' Wiederum sagte der Altvater Abraham: ‚Siehe, du hörst von zwei Brüdern: der eine liebt dich, der andere haßt dich und macht dich schlecht. Wenn sie nun zu dir kommen, hältst du die zwei einander gleich?' Er antwortete: ‚Nein, aber ich kämpfe mit meinem Denken, um Gutes zu tun meinem Hasser wie dem, der mich liebt.' Da sagte zu ihm der Altvater Abraham: ‚Folglich leben die Leidenschaften, aber von den Heiligen wurden sie gebunden' " (WdV Nr. 140).

„Die Leidenschaften sind dornige Essigbäume!" (WdV Nr. 735). Das ist ein Wort von Abbas Poimen, der gewiß nicht zweifelte, wieviel zäher Kampf gegen die Leidenschaften vermag. Wer einen Essigbaum in seinem Garten hat, versteht, was der Altvater sagen wollte. Einen Essigbaum wird man niemals wieder völlig los. Man mag ihn abhauen! Seine Wurzeln haben längst Quertriebe in der Erde gebildet, so daß ringsherum lauter neue kleine Essigbäumchen ans Tageslicht kommen. Rottet man sie hier aus, wachsen sie dort um so kräftiger. Man kann gar nicht wachsam und selbstkritisch genug sein. In den „Unterredungen" Cassians kommt Abbas Mose auf die Tatsache zu sprechen, daß so mancher Mönch die größten Besitztümer dieser Welt – vielleicht sogar Schätze an Gold und Silber und herrliche Landgüter – verachtet und verlassen habe, um sich hinterher eines Messerchens wegen aufzuregen, oder wegen eines Griffels, einer Nadel, einer Feder.

„Wenn sie den Blick ihres reinen Herzens fest aufs Ziel gerichtet hielten, würden sie doch sicher nie wegen Kleinigkeiten den Fehler begehen, den sie verhüten wollten, da sie große Schätze wegwarfen. Denn es gibt Mönche, die manchmal ein Buch so eifersüchtig hüten, daß sie es niemand auch nur flüchtig lesen oder berühren lassen. So wird ihnen zum Anlaß der Ungeduld... womit sie sich den Lohn der Geduld und Liebe verdienen sollten. Und während sie all ihren Reichtum aus Liebe zu Christus verteilt haben, halten sie ihre frühere Neigung in bezug auf kleinste Dinge fest und geraten darob in zornige Erregung, als ob sie die vom Apostel Paulus geforderte Liebe nicht besäßen, und so bleiben sie ohne jede Frucht. Das sah im Geiste der selige Apostel voraus, wenn er sagt: ‚Und wenn ich all meine Güter zur Speisung der Armen verteilte und meinen Leib zum Verbrennen hingäbe, hätte aber die Liebe nicht, so nützte es mir nichts' (1 Kor 13,13)."[12]

Daß einer Eigentum hat, vielleicht sogar viel besitzt, reich ist – das ist an sich noch nichts Schlechtes. Fatal sind die Leidenschaften, die sich am „haben" und „haben wollen" entzünden: Besitzgier, Machtgier, rücksichtsloses Geschäftsgebaren, Geiz, Neid auf den, der noch mehr hat. Es sind im übrigen dieselben Leidenschaften, die auch den wenig Besitzenden, selbst den Armen, plagen können und meist auch plagen. Der Wurm sitzt innen im Menschen, nicht in den äußeren Lebensumständen. Mit bloßem Besitzverzicht ist man darum das Problem noch nicht los. Man kann ein Buch geizig hüten und wegen eines Griffels in Zorn geraten. Neid, Geiz, Zorn, Wut entlarven, daß einem Dinge wichtiger sind als der Mensch, daß also dem Her-

[12] Johannes Cassianus, Weisheit der Wüste, Auswahl und Übertragung von Alfons Kemmer, Benzinger-Verlag, Einsiedeln – Köln 1948, S. 22f.

zen die Liebe fehlt, und damit das einzige, worauf es ankommt – „jetzt und in alle Ewigkeit!“

Das ist das Koordinatensystem, in dem der Kampf der Altväter gegen die Leidenschaften angesiedelt ist. Wir dürfen, was sie über die Leidenschaften sagen, nicht mit dem Gewicht prinzipieller Erörterungen befrachten, sind wir hier doch noch weit entfernt von den Analysen und umfassenden Systematisierungen der scholastischen Theologen des 13. Jahrhunderts. Ein Thomas von Aquin hätte nie so ungeschützt von „den Leidenschaften“ gesprochen, wenn er nur ihr Verhängnishaftes im Auge gehabt hätte. Was eine Seele spontan erregt und mit solcher Macht anzieht, daß der Mensch schon in Bewegung gerät, noch bevor er sich willentlich in Bewegung gesetzt hat – das könnten ja auch hohe Werte sein. Es gibt leidenschaftlichen Zorn, aber auch leidenschaftliche Hoffnung. Und wenn sexuelles Begehren einen Menschen ganz überfluten kann, so offenbar die „Passion“ des Verlangens nach Gott nicht minder. In der kühnen Verwegenheit, mit der die Väter in die Wüste hinauszogen, verrät sich zweifellos jene Leidenschaftskraft, die die Größe und Stärke einer Seele ausmacht.

Leidenschaftliches Streben nach Gott weckt leidenschaftlichen Hunger nach Tugend in ihnen und macht sie zu leidenschaftlichen Kämpfern gegen die „Leidenschaften“. Sie empfinden diese rätselhaften Gegenstrebungen gegen die innerste Strebung ihrer Seele als etwas, was sie buchstäblich er-leiden, was sich ihnen aufzwingt. Da widerfährt ihnen etwas, was in krassem Gegensatz zu dem steht, was sie willentlich wollen. So erleben sie die Leidenschaft als Fessel, als Schlinge, als versklavende Macht. Und alle ihre rauhen Bußmittel sind nur Waffen im Kampf, um nicht von der Leidenschaft übermächtigt zu werden.

Zweifellos gibt es da auch Exzesse der Askese – des Fastens beispielsweise oder des Schlafabbruchs. Manchmal zerbricht das Maß, um das die Altväter bemüht sind: Weise werden zu Toren, zu Narren der Liebe. Der bloß Verliebte ist von der Gewalt seiner eigenen Liebesgefühle entzückt; ein Liebender dagegen martert sich, weil er noch nicht richtig, nicht genügend liebt. Welche Demütigung für eine glühend nach Gott strebende Seele, sich immer wieder in den Fesseln der häßlichsten Begierden vorzufinden. Einer Ehrsucht etwa, die bei Beleidigung nach Rache schnaubt, während man so herzlich gern alles tun möchte, was Jesus gebietet – und also auch den jeweiligen Feind und Gegner lieben.

Erstaunlich, erschreckend, als wie vital die Durchsetzungskraft des Ego sich erweist, wie oft dieses Ego lauthals die leise Stimme des eigentlichen Ichs übertönt. Da kann nur Askese helfen, sagen die Väter. Dem aufgeblähten Ego muß gleichsam die Luft abgelassen werden. Dazu dienen auch die verschiedenen Formen körperlicher Askese: Fasten vor allem und Nachtwachen. Von einer solchen Wechselwirkung zwischen Leib und Seele war man felsenfest überzeugt. Übrigens heißt es heute noch in der Fastenpräfation der katholischen Kirche: „Durch körperliches Fasten unterdrückst Du (der Angeredete ist Gott) die Laster, erhebst Du den Geist, schenkst du Tugend und Lohn.“ Daß da Zusammenhänge möglich sind, ist ja auch wohl einleuchtend. Wer seinen körperlichen Begierden gegenüber hemmungslos ist, wird wohl auch dazu neigen, sich von den Leidenschaften der Seele widerstandslos treiben zu lassen.

Altvater Daniel brachte das auf die etwas provokative Formel: „Je mehr der Leib blüht, desto mehr wird die Seele geschwächt, und je mehr der Leib geschwächt wird, desto mehr blüht die Seele!“ (WdV Nr. 186).

Und Abbas Johannes Kolobos lehrte: „Wenn ein König eine feindliche Stadt einnehmen will, dann bemächtigt er sich zuerst des Wassers und schneidet die Zufuhr ab, und wenn sie dann am Verhungern sind, unterwerfen sie sich ihm. So ist es auch mit den Begierden des Fleisches: Wenn der Mensch mit Fasten und Hungern gegen sie zu Felde zieht, dann werden diese Feinde der Seele kraftlos“ (WdV Nr. 318).

Begierden des Fleisches – das ist ein Begriff, der in der Tradition alle naturhaften Leidenschaften umfassen kann, also auch den Zorn zum Beispiel und die Eifersucht. Hier sind aber wohl vornehmlich sexuelle Begierden gemeint. Nach der Erfahrung der Frühchristlichen Meister ist die Wechselwirkung zwischen Fasten und Beherrschung des Geschlechtstriebs besonders intensiv. Gleichzeitig spielen beide für den Kräftehaushalt der Seele eine so ähnliche Rolle, daß sie oft unter dem Oberbegriff „Enthaltsamkeit des Bauches“ zusammengefaßt werden. Viele Menschen haben heute wohl große Schwierigkeiten, sexuelle Verzichte für etwas Wertvolles und Sinnvolles zu halten, während ihnen die Notwendigkeit gelegentlicher Fasten schon eher einleuchtet. Hören sie gar, daß Menschen, wie Mönche und Nonnen, sich grundsätzlich dazu entscheiden, auf alles geschlechtliche Leben total zu verzichten, so finden sie das geradezu absurd. So absurd, daß sie anfangen, nach neurotischen Wurzeln einer solchen Einstellung zum Geschlechtsleben zu fahnden. Ist es nicht Sexualangst, so wird gefragt, oder vielleicht die unbewußte Unfähigkeit, die eigene Rolle als Mann oder Frau zu akzeptieren? Hört man dann gar noch, mit was für Seelenkämpfen voller Niederlagen solche Verzichte oft verbunden sind, so ist man vollends überzeugt, daß hier innere Kräfte vertan werden, die man sinnvoller anderswo einsetzen könnte.

Es ist hier nicht der Ort, über die geistlichen Wurzeln der spezifisch christlichen Form solch eines grundsätzlichen Sexualverzichts zu sprechen. Das Wort Jesu, es gebe Menschen, die sich „um des Himmelreiches willen“ gleichsam selbst zu Eunuchen machen, ist in tiefe Mysterien des Evangeliums, ja der ganzen Bibel hineinverwoben: es läßt sich nicht en passant darüber etwas sagen. Leichter zugänglich ist ein anderes Motiv, das wir in allen Religionen beobachten können: Ein hochgespanntes spirituelles Leben (womit keineswegs ein „überspanntes“ gemeint ist) entfaltet sich nur, wo die körperlichen Begierden gleichsam auf Sparflamme gehalten werden. Strenge körperliche Zucht im Essen, Trinken und Schlafen – und völliger Verzicht auf geschlechtliche Aktivitäten! Entweder für immer, oder doch für eine bestimmte Zeit, die den spirituellen Übungen gewidmet ist.

Insofern – so der Religionsgeschichtler Edward Conze in seinem Buch über den Buddhismus – „haben die Heiligen aller

Zeiten den Geschlechtstrieb immer mit besonderem Argwohn betrachtet. Der Geschlechtsverkehr ruft leicht eine verzückte Ruhe und Entspannung hervor ... Der Mönch (gemeint ist hier der buddhistische Mönch) besaß in der Form der Ekstase ein wesentlich wirksameres Mittel, um inneren Frieden herbeizuführen. Meditation und Geschlechtsverkehr haben ein gemeinsames Ziel und verwenden die gleichen Kräfte, um ihr Ziel zu erreichen. Diese Kräfte lassen sich aber nicht doppelt benutzen; aus diesem einfachen Grund ist die völlige Unterdrückung des Geschlechtstriebes die Voraussetzung für erfolgreiche Meditation."[13]

Unter christlichem Aspekt hat völlige geschlechtliche Enthaltung noch eine andere Dimension; sie zielt nicht nur auf das eigene Selbst, den „inneren Frieden". An dieser Stelle kommt es aber darauf an, daß sie *auch* dazu dient. Auch für den in geschlechtlicher Beziehung lebenden Menschen sind irgendwelche Formen sexueller Askese notwendig. Richtige sexuelle Zucht frustriert den Menschen nicht. Im Gegenteil: die Seele bedarf ihrer, um zu jener inneren Ordnung und Harmonie zu kommen, ohne die eine Psyche nicht reifen kann, infantil bleibt.

Bereits der *Kampf* um geschlechtliche Selbstbeherrschung, um Triebsteuerung hat therapeutische Wirkung. Unnachgiebiges Ringen mit den körperlichen Begierden – so haben es die Altväter erfahren – bringt so etwas wie ein energetisches Plus in den Krieg mit den Leidenschaften, in das Streben nach Tugend.

„Erwäget doch", sagt Abbas Chaeremon in Cassians „Unterredungen", „was die Eunuchen beim Erstreben der Tugenden so lau und träge macht. Ist's nicht ihre Sicherheit, daß für sie keine Gefahr besteht, die Keuschheit zu verlieren?" Gerade in einem menschlich aussichtslosen Ringen um vollkommene Keuschheit lerne der Mensch, in unermüdlicher Askese auszuharren, „um durch derartige Buße die Barmherzigkeit des Herrn zu erlangen und so von der Anfechtung des Fleisches und

---

[13] Zitiert nach Walter Hartmann, Theologie der Zärtlichkeit?, in: Radius, Mai 1979, S. 15.

der Herrschaft der übermächtigen Laster durch göttliches Gnadengeschenk frei zu werden“ [14].

Anders ausgedrückt: Selbst da, wo härteste Bemühung scheinbar erfolglos bleibt, ist sie am Ende doch nicht umsonst. Es ist, als würde die Seele durch ein so heißes Streben weichgeknetet, bis ihr schließlich das Ersehnte wie von selbst zufällt – buchstäblich wie ein Geschenk vom Himmel. Das ist keine fromme Theorie. Das ist in den verschiedensten Lebensbereichen immer wieder erfahren worden. Man höre nur einmal, wie bei den Anonymen Alkoholikern die „trocken“ Gewordenen über ihre oft viele Jahre währenden, scheinbar vergeblichen Kämpfe sprechen und wie sie die dann oft unvermutet und plötzlich eingetretene Wende ihres Lebens beschreiben und erklären.

Gewiß haben wir es bei den Wegweisungen der Frühchristlichen Meister mit einer mönchischen Askese zu tun – nicht ohne weiteres nachahmbar für Menschen, die unter anderen Bedingungen und in anderen Verantwortlichkeiten leben: Eheleute werden sich nicht ausgerechnet an einer Askese totaler sexueller Abstinenz orientieren, ein Familienvater kann nicht völlige Verachtung von Gut und Geld praktizieren, Beamte oder Politiker werden den Verzicht auf sämtliche Ämter und Würden nicht ausgerechnet für ihre Sache halten können. Dennoch hat die Askese der Wüstenväter einen Kern, der nicht nur Mönche und Nonnen etwas angeht. Von diesem Hochleistungstraining – um noch einmal das Bild des Athleten aufzugreifen – geht eine inspirierende Kraft aus, die dazu ermutigt, selbst mit dem „Üben“ anzufangen. Wer sich nicht selbstgenügsam damit zufriedengeben mag, zu bleiben, wie er nun einmal ist, wer die Courage hat, der werden zu wollen, der er sein kann und soll, kann ohne Training, ohne Askese nicht auskommen. Der Methoden freilich gibt es viele!

Dessen waren sich auch die Altväter der Wüste bewußt. Zu-

---

[14] Des ehrwürdigen Johannes Cassianus vierundzwanzig „Unterredungen mit den Vätern“, übersetzt von Karl Kohlhund, Kempten 1879, S. 35. – Ein Cassian-Bändchen, herausgegeben von Thomas und Gertrude Sartory, wird 1981 in der Reihe „Texte zum Nachdenken“ in der Herderbücherei erscheinen.

mindest waren sie bemüht, bei allem Eifer in der Askese Ziel und Weg nicht zu verwechseln. Fasten, Schweigen, Einsamkeit betrachteten sie nicht als Selbstzweck, sie sahen darin Mittel zum Zweck. „Werkzeuge", die man nicht mit dem zu schaffenden Werk verwechseln dürfe! Gerade diese Differenzierung kann dem heutigen Menschen helfen, unter der Schale höchst fremdartiger, *so* nicht nachvollziehbarer Lebensformen einen Kern zu entdecken, der einem fürs eigene Leben etwas sagen kann.

So ist zum Beispiel eine totale Nahrungslosigkeit, wie die Wüstenmönche sie oft viele Tage lang durchhielten, nicht die einzige Form der Fastenaskese. In strenger Selbstdisziplin nur soviel essen, wie für den Körper unbedingt nötig, ist für die meisten Menschen die bessere Methode. Diese Art Bändigung des Nahrungstriebes hielten viele Meister sogar für den „königlichen Weg des Fastens". Und es ist wohl auch schon eine wirksame Variation der Fastenaskese, nichts zu essen und zu trinken, was gesundheitlich nicht zuträglich ist, was den Körper dick und schwer und die Seele schwerfällig und dickfellig macht. Nach Überzeugung der Altväter jedenfalls ist ein ausschweifendes Leben nicht zuletzt die Folge eines üppig-genießerischen Lebensstils.

Auch ist nach den Wegweisungen dieser frühen Meister buchstäbliche Besitzlosigkeit nicht die einzige Form einer Askese der Armut. Unter „arm sein" verstanden sie eine spirituelle Haltung: daß man die menschliche Ungesichertheit aushält und sich nicht ums Morgen sorgt. Man ist doch in Wirklichkeit – wenn man es nur glauben wollte! – *ver-sorgt.* Eine solche Armutsaskese steht ebenso im Gegensatz zur heute grassierenden Versicherungsneurose (als könne man sich gegen alle Eventualitäten absichern) wie auch zur heute grassierenden Gesundheitsneurose (als könne man durch rechtzeitige „Vorsorge" allem entgehen).

Für die Altväter bedeutete „Armut im Geist" (die in der Bergpredigt gepriesene): das Leben auf Gott bauen – und dadurch jene herrliche Unbekümmertheit gewinnen, die der *Kämpfer,* der richtige *Arbeiter* braucht.

„Abbas Silvanos sprach: ‚Ich bin ein Diener, und mein Herr hat zu mir gesagt: Tue mein Werk, und ich ernähre dich – woher, das frage nicht – ob ich habe, ob ich stehle, ob ich entlehne, das frage nicht. Arbeite nur, und ich ernähre dich' " (WdV Nr. 864).

Askese, Übung, Training sind notwendig. Ihre verschiedenen Methoden aber haben nur den Rang eines Mittels: keine von ihnen ist Selbstzweck.

Worauf es ankommt, letztlich, darüber erzählten sich die Väter folgende Geschichte:

„Ein frommer Weltmann kam einmal zum Altvater Poimen. Zufällig waren beim Altvater noch andere Brüder, die ein Wort von ihm hören wollten. Der Greis aber sprach zu dem Weltmann: ‚Sprich du zu den Brüdern ein Wort!' Dieser verwahrte sich dagegen: ‚Verzeih mir, Vater, ich bin zum Lernen gekommen.' Aber vom Greis gezwungen, sagte er: Ich bin ein Weltmann, verkaufe Gemüse und mache Geschäfte damit. Aus großen Bündeln mache ich kleine, kaufe billig ein und verkaufe teuer. Nur von der Schrift weiß ich nicht zu reden. Aber ein Gleichnis will ich erzählen: Ein Mann sagte zu seinem Freund: Da ich den Wunsch habe, den König zu sehen, komme mit mir. Der Freund sprach: Ich gehe mit dir den halben Weg! Und er sagte zu einem zweiten Freund: Bring mich zum König! Der antwortete ihm: Ich bringe dich bis zum Palast des Königs! Da sprach er zu einem dritten: Geh mit mir zum König. Dieser antwortete: Ich ... führe dich zum König.' Als sie ihn nach der Deutung des Gleichnisses fragten, gab er folgende Erklärung: ‚Der erste Freund ist die Askese: sie führt bis an den Weg. Der zweite ist die Herzensreinheit (Reinheit von Leidenschaften): sie führt bis zum Himmel. Der dritte ist das Erbarmen: es führt zum König mit großer Sicherheit.' Erbaut gingen die Brüder von dannen" (WdV Nr. 683).

Im Spannungsfeld überirdischer Mächte

Überirdische Mächte? Damit können nur Engel, Teufel und Dämonen gemeint sein. Ein Reizthema also für den normalen Zeitgenossen, der sich in seinem instinktiven Welt- und Selbstverständnis herausgefordert fühlt. Irgendwelche Assoziationen von Satansglauben, Teufelsaustreibern, Hexenwahn steigen in ihm hoch. Da reagiert man unwillkürlich allergisch.

Aber hier haben wir es ja mit sehr alten Texten zu tun: mit Mönchen, mit Nonnen, die zur Zeit der ausgehenden Antike irgendwo in Ägypten oder Vorderasien es mit Engeln und Dämonen zu tun bekommen. Wie sie glauben! Wer wollte da nicht nachsichtig sein und ihnen zubilligen, daß sie als Kinder ihrer Zeit die damals allgemein herrschenden weltbildlichen Vorstellungen teilten?

Oder sollte dahinter ein Kern stecken, der eine allgemeinmenschliche Erfahrung abdeckt – und daher auch uns immer noch etwas sagen könnte?

Stellen wir uns der Frage, und beginnen wir mit der Geschichte „Eulogius und der Krüppel“ aus der Historia Lausiaca des Palladius, die einem Menschen von heute immerhin gewisse Identifikationen ermöglicht, weshalb wir ihr hier auch einige Breite einräumen wollen.

Eulogius war ein später Zeitgenosse Antonios' des Großen, des Vaters aller Einsiedler und Mönche – „Stern der Wüste“, wie man ihn nennt, denn etwas ungemein Hinreißendes und Zündendes muß von Antonios ausgegangen sein, wie in den Mönchsgeschichten und Spruchsammlungen der ersten Generation der Wüstenväter immer wieder durchschimmert – mehr als hundert Jahre war er übrigens alt, als er 356 starb.

Eulogius lebte in Alexandrien, wohlhabend, gebildet, mit geistigen Studien beschäftigt. Aber offenbar ließ ihn das innerlich leer, unausgefüllt.

„In seiner Seele wuchs die Sehnsucht nach der Ewigkeit, so daß er sich schließlich aus dem ganzen Weltgetriebe löste und Hab und Gut verschenkte. Nur etwas Geld behielt er, weil er kein Handwerk konnte. Nun sann er hin und her, welche Lebensweise für ihn die beste sei; weder sagte ihm das gemeinsame Leben (im Kloster) zu, noch konnte er sich entschließen, wie ein Einsiedler ganz allein zu bleiben. Da fand er einen Krüppel ohne Hände und Füße verlassen auf dem Marktplatz liegen. Eulogius blieb stehen, betrachtete den Armen lange Zeit und schloß im Gebet folgenden Vertrag mit Gott: ‚Herr, um deines Namens willen nehm' ich diesen Krüppel an, um ihn bis zu seinem Tod zu pflegen, damit auch ich durch ihn das Heil erlange. Gib mir Geduld, ihm zu dienen!'"

Dieser „Vertrag" ist das Kernstück der weiteren Geschichte. Er ist zugleich aufschlußreich für die Spiritualität der Frühchristlichen Meister des Weges: Es gibt höchst verschiedenartige Möglichkeiten, ganz der „Ewigkeit" zu leben – und jeder Mensch muß die herausfinden, die ihm am meisten auf den Leib zugeschnitten ist. Einem Kranken dienen und dadurch Geduld lernen – das kann eine genauso wirksame Art der Askese sein wie das Leben im Kloster oder das tapfere Ausharren in der Einsamkeit einer Eremitenzelle.

„Eulogius trat also zu dem Krüppel hin und sagte: ‚Beliebt es dir, Herr, so will ich dich in mein Haus nehmen und pflegen.' Der andere sprach: ‚Von Herzen gern.' Da jener zustimmte, holte Eulogius den Krüppel in sein bescheidenes Heim und ließ ihm alle Sorgfalt angedeihen, fünfzehn Jahre lang. Er tat ihm alles, was man einem Kranken tun kann, badete und wusch ihn eigenhändig und gab ihm gute Kost. Aber nach jenen fünfzehn Jahren fuhr ein Teufel in den Krüppel und machte ihn so aufsässig, daß er den Eulogius oft entsetzlich lästerte und schimpfte: ‚Pack dich, du schlechter Kerl! Anderen hast du das Geld gestohlen, und möchtest jetzt durch mich das Heil erlangen. Bring mich wieder auf den Marktplatz! Fleisch will ich haben!‘ Eulogius gab ihm Fleisch. Gleich darauf schrie er schon wieder: ‚Dieses langweilige Leben halte ich nicht mehr aus; Leute will ich sehn; auf den Marktplatz will ich. Was hältst du mich gefangen? Wirf mich hin, wo du mich gefunden hast!‘ So wütend machte ihn der Teufel, daß er sich wohl selbst den Tod gegeben hätte, wenn er nicht ohne Hände gewesen wäre.“

Eulogius weiß nicht mehr aus und ein, das ganze Leben ist ihm verleidet. Soll er den Krüppel einfach wieder auf die Straße setzen? Eines Tages packte er ihn in ein kleines Hirtenboot und machte sich mit ihm auf den Weg zu Antonios – fest entschlossen, genau das zu tun, was „der Große“ (so nannte man damals allgemein den Alten auf seinem Berge) ihm sagen würde. – Über die Szene bei Antonios sind wir durch einen Augenzeugen unterrichtet, durch den Priester Kronios, der die Geschichte dem Palladius persönlich erzählt hat. Von Antonios ermuntert, vor ihm und den anderen Brüdern offen zu sagen, warum er gekommen sei, erzählt Eulogius seine Geschichte:

„ ‚Den Krüppel da fand ich auf dem Markt und machte Gott das Gelöbnis, ihn zu pflegen in seinem Elend, damit wir beide das Heil erlangen, ich durch ihn und er durch mich. Jetzt aber, nach soviel Jahren, quält er mich auf unerträgliche Weise, so daß ich auf den Gedanken kam, ihn zu verstoßen.‘ In strengem Ton sprach Antonios: ‚Du willst ihn also verstoßen? Der ihn erschaffen hat, verstößt ihn aber nicht. Willst du das wirklich tun? Dann wird Gott einen Besseren erwecken als dich; der wird dann seiner sich annehmen.‘ Da schwieg Eulogius voll Angst. Nun wandte sich der Heilige zu dem Krüppel und wies ihn mit harten Worten zurecht, indem er rief: ‚Armseliger Krüppel! Du bist für Himmel und Erde zu schlecht. Wie lange noch willst du dich Gott widersetzen? Weißt du nicht, daß Christus selbst dich bedient? Wie kannst du es wagen, Christus derart zu schmähen? Hat nicht Eulogius um Christi willen es übernommen, dir Dienste zu leisten, als ob er ein Sklave wäre?‘ So wies er auch diesen zurecht und mahnte am Ende alle beide: ‚Begebt euch geraden Weges heim, und trennt euch nicht voneinander, sondern bleibt in eurem Hause wie bisher! Gott wird euch holen lassen in kurzer Zeit. Jene Versuchung kam über euch, weil ihr beide schon nahe dem Ende seid und bald gekrönt werden solltet. Befolget alles genau, damit euch der Engel beisammen treffe!' Da reisten sie eilends nach Hause. Vierzig Tage darauf starb Eulogius, und ehe drei weitere Tage vergingen, war auch der Krüppel tot."[15]

Erst hier wird ganz deutlich, worauf jener sogenannte „Vertrag mit Gott" letztlich abzielte. Nicht nur auf das „Heil" des Eulogius, sondern auf ihrer beider Heil. Zwischen dem, der einem anderen beisteht, und jenem anderen, der sich helfen läßt, kann, *soll* eine Schicksalsgemeinschaft entstehen von eigentümlicher Tiefe, ja Transzendenz. Beide können, sollen aneinander reifen, einander zur Vollendung helfen. Der eine, indem er sich in der Geduld des Dienens übt, der andere durch die Bereitschaft, einen solchen Dienst sich auf Dauer gefallen zu lassen, und die daraus sich ergebende Abhängigkeit zu akzeptieren. – Das ist ein Grundmuster, das mit vielerlei Variationen tausendfach im Leben wiederkehrt – nicht nur dort, wo ein Kranker ist, der der Pflege bedarf, sondern überall, wo Menschen, lebensmäßig eng miteinander verbunden, aneinander verwiesen, aufeinander angewiesen sind: Eheleute etwa oder Eltern und Kinder.

Fünfzehn Jahre lang haben Eulogius und der Krüppel auf diese – allen beiden innerlich so förderliche – Weise in Eintracht miteinander gelebt. Da fährt ein „Teufel" dazwischen. Tatsächlich: es ist wie verhext. Völlig widersinnig! Fünfzehn Jahre beiderseitiger Bewährung scheinen umsonst. Der Krüppel ist drauf und dran, alles, was da gewachsen war, zu zerstören. Sich selbst an erster Stelle! Er rast gegen Eulogius und wütet gegen sich selbst – wie besessen von seinem Widerwillen gegen den geduldigen Pfleger. Als hätte er den Teufel im Leib!

Man muß gar nicht an den Teufel „glauben", um unwillkürlich in solche Redewendungen zu verfallen. Jedermann tut's in solchen Augenblicken! Es ist das Gefühl, daß da etwas Widersinnig-Zerstörerisches Macht über einen Menschen gewinnt,

---

[15] Palladius, a.a.O. (vgl. Anm. 7) S. 49ff.

ganz und gar im Widerspruch zu seinen eigentlichen Gefühlen und wahren Interessen. Da ist etwas, womit er selbst sich überhaupt nicht identisch fühlen kann, ein ihm Fremdes, was nicht „er selber" ist. In der Tiefenpsychologie Jungscher Richtung spricht man von „autonomen seelischen Inhalten". Es gibt so etwas wie „psychische Dämonen", sagt C. G. Jung: man erlebt sie als Mächte, die dem Ich gegenüberstehen, so deutlich gegenüber, daß das Ich mit ihnen in Konfrontation geraten kann. – Auch der „Engel", auch „Gott" ist für Jung ein solch „autonomer psychischer Inhalt": das Ich kann in voller seelischer Wirklichkeit „du" dazu sagen; es hat sogar überwältigende psychische Auswirkungen – verwandelnde, befreiende, erlösende –, wenn einer auf diese Weise seinem Gott, seinem Engel begegnet, in Verehrung, in Hingabe[16].

Ist „Gott", ist der „Engel" oder „Teufel" *nur* ein „autonomer seelischer Inhalt"[17]? C. G. Jung ist Psychiater, und die Grenzen der Naturwissenschaft sind ebenso eng wie streng. Als Psychiater fühlt sich Jung nur kompetent für die psychischen Phänomene. Die Frage, ob den von ihm erforschten seelischen Erscheinungen ontische, seinsmäßige, metaphysische Realitäten zugrunde liegen, stehe ihm nicht zu. Als Naturwissenschaftler könne er eine solche Frage niemals bejahen, könne sie aber aus der Kompetenz der Wissenschaft auch nicht verneinen. „Das ist Sache der Theologie, der Offenbarung und des Glaubens", erklärt Jung entschieden[18].

Nun: die Wüstenväter *leben* spirituell in der Dimension der Offenbarung und des Glaubens. Daß es Engel gibt und Dämonen, das ist für sie weit mehr als ein Theorem des Glaubens, es ist ihnen erfahrene Realität. Sie leben gleichsam zwischen Engeln und Dämonen. In allen großen Religionen sehen die „Erleuchteten" mehr, als normale Menschen sehen, sehen und hö-

---

[16] C. G. Jung, Zur Psychologie westlicher und östlicher Religion, Gesammelte Werke Bd. XI., Walter-Verlag, Olten 1973, S. 657 ff.

[17] Die folgenden Gedanken haben wir in anderem Zusammenhang auch im Bändchen ‚Heimgang", erschienen in der Reihe „Texte zum Nachdenken", Herderbücherei, 1980, entwickelt.

[18] C. G. Jung, a. a. O. S. 661.

ren, was an sich übersinnlich ist. Dabei fehlt es gerade in den Kreisen dieser frühchristlichen Mönchsväter nicht an gesunder Skepsis und Selbstkritik.

„Einst erschien der Teufel einem Bruder, verwandelt in einen Engel des Lichtes, und sprach zu ihm: ‚Ich bin der Engel Gabriel und zu dir gesandt!' Jener aber entgegnete: ‚Siehe, ob du nicht zu einem anderen geschickt wurdest; denn ich bin nicht würdig, daß ein Engel zu mir geschickt würde.' Sofort verschwand der Teufel" (WdV Nr. 1074).

Eine Engelserscheinung kann Trugbild sein, eine Vorspiegelung im Interesse dessen, der der Feind der Seele ist, eine Ausgeburt der Phantasie. Solche psychischen Eigenproduktionen unterlaufen vornehmlich solchen Mönchen, denen es an Demut mangelt, die ein ungesundes Verlangen nach außerordentlichen Erscheinungen haben. Der beste Schutz gegen solche Täuschungen ist, die eigene Seele bis in ihre Abgründe hinein zu kennen. Dann vergeht einem das Verlangen, mit einem Engel in seiner erschreckenden Heiligkeit konfrontiert zu werden. „Ein Greis wurde befragt, wieso einige sagen könnten, sie hätten Engel geschaut? Er antwortete: ‚Selig ist, wer stets seine Sünden sieht!'" (WdV Nr. 1085).

Nüchterne Selbstkritik, strenge Skepsis, tun besonders dem Einsiedler not; für einen Menschen, der in extremer Einsamkeit ganz nach innen gekehrt lebt, ist die Gefahr besonders groß, irgendwelchen Selbsttäuschungen und Halluzinationen zu verfallen. Die Altväter sind viel zu erfahrene Seelenärzte, um solche psychischen Krisen nicht zu durchschauen. Der Engel ist für sie eine völlig unbezweifelbare großartige Realität in diesem Schöpfungsganzen, das Erde und Himmel umfaßt – auch erfahrbare und nicht selten persönlich erfahrene Realität! Aber wegen der Anfälligkeit der menschlichen Psyche für Trugbilder soll man im Zweifelsfall lieber zu skeptisch als zuwenig skeptisch sein.

„Die Altväter sagten: Wenn dir auch in *Wahrheit* ein Engel erschiene, nimm ihn nicht leicht auf, sondern verdemütige dich und sage: ‚Ich bin nicht würdig, einen Engel zu schauen, weil ich in Sünden lebe'" (WdV Nr. 1075).

Wir können bei den Altvätern nicht das Vokabular unserer heutigen Wissenschaft erwarten. Wir sehen aber, daß auch sie jene Tatsache aus Erfahrung kannten, die wir heute „Projektion“ zu nennen pflegen. Nur waren sie – und ganz offenbar ebenfalls aus Erfahrung – noch von einer ganzen Reihe weiterer Tatsachen überzeugt, als sie in einer normalen Psychotherapie ans Licht kommen. Das gilt auch für Teufel und Dämonen. Was darüber bei diesen Frühen Meistern zu finden ist, ist wesentlich differenzierter, als wir vermuten würden. Auch hier wußten sie etwas von möglichen Zusammenhängen zwischen Dämonenerscheinungen und innerpsychischen Vorgängen. Das wird am präzisesten faßbar an der Gestalt des großen Antonios – so wie sie in der Beschreibung seines Lebens, seiner Vita, umrißhaft sich abzeichnet.

Schon wenige Jahre nach seinem Tod ist Antonios in der ganzen damaligen christlichen Welt des Morgen- und Abendlandes bekannt, verehrt und geliebt. Diese einzigartige Berühmtheit ist die Folge eines Buches, in dem das Leben des Heiligen beschrieben wird, das um 360 erscheint und dessen Autor kein Geringerer ist als der heilige Athanasios, seinerseits berühmt als „Kirchenvater“ – das heißt als ein in der ganzen Christenheit anerkannter authentischer Interpret kirchlichen Glaubens und kirchlicher Lehre.

Es geht Athanasios nicht darum, die Entwicklung des Antonios aus den Vorbedingungen seiner Charakteranlagen und Schicksalskonstellationen zu erklären. Zwar spielen gewisse Szenen der Vita auch auf der Ebene dieser natürlichen Lebenstatsachen. Aber im gesamtdramatischen Geschehen sind noch ganz andere Ebenen im Spiel: Himmel und Hölle, Engel und Dämonen, die mächtig emporziehende Kraft der Gnade, aber auch die fatalen Angriffe jener Mächte des Bösen, die den Aufstieg des Antonios zu verhindern trachten. So ist das von Athanasios beschriebene „Leben des heiligen Antonios“ von einem kämpferischen Ethos erfüllt: der Aufstieg zu einer solchen Höhe kann sich nur schrittweise vollziehen, nur unter harter Anstrengung. Mit atemloser Spannung soll der Leser oder Hörer die verschiedenen Stadien verfolgen. Wie gebannt! Denn:

der Weg des Antonios (und das ist für Athanasios der entscheidende Punkt) ist im wesentlichen der Weg jedes Mönches – ja letztlich der Weg jeder menschlichen Seele, die nach Vollendung strebt.

Antonios kämpft nicht mit einer nur ihm eigentümlichen bösen Anlage. Sein Feind ist (genau das will Athanasios herausarbeiten) der Feind aller Menschen – „der Feind" schlechthin. Unterstellen wir einmal, als Arbeitshypothese, an dieser Sicht könnte etwas Wahres dran sein. Dann hätte das zur Konsequenz, daß alle rein psychologischen Deutungen und Wertungen der aggressiven Tendenzen der menschlichen Psyche nicht tief genug vordringen. Spirituell betrachtet, wäre der Seele dann ja tatsächlich ein Kampf aufgegeben, Kampf gegen einen Feind, den eigentlichen Feind. Ein Kampf, ohne den die in der Seele angelegten Potenzen auf das Göttliche hin sich nicht entfalten können, ohne den sie ihre Bestimmung, Gottes Ebenbild zu sein, nicht erfüllen können.

„Altvater Antonios sagte: ‚Keiner kann unversucht ins Himmelreich eingehen. Nimm die Versuchungen weg, und es ist keiner, der Rettung findet'" (WdV Nr. 5).

Schaurige Dämonenkämpfe schildert Athanasios in seinem „Leben des heiligen Antonios": in der Geschichte der christlichen Kunst sollten sie später ihre Rolle spielen. Heute möchte man solche Geschichten samt und sonders psychologisieren. In früheren Jahrhunderten wollte man sie nicht weniger einseitig objektivieren. Nach Athanasios dagegen spielt sich das alles in einem eigentümlichen Zwischenbereich ab, auf einer Wirklichkeitsebene, die weder „rein psychisch" ist noch „real" in dem Sinn, daß die Phänomene völlig unabhängig von der Psyche wären. In der großen „Mönchsrede", die das geistige Zentrum der Vita bildet (und in der Athanasios vermutlich wirkliche Jüngerunterweisungen des Mönchsvaters verarbeitet hat), betont Antonios, daß sich in den dämonischen Schrecknissen nur widerspiegele, wie es innen in der Seele ausschaut. Zu Dämonenfurcht bestehe kein Anlaß, solange der Mensch sich an Christus halte. Im Kraftfeld Christi nämlich werde der allgewaltige Teufel zu einem leicht besiegbaren Schwächling.

„Wenn die Dämonen erscheinen, verhalten sie sich so gegen uns, wie sie uns antreffen, und nach den Gedanken, die sie in uns finden, gestalten sie ihre Trugbilder ... und was wir von uns selbst denken, das vergrößern sie ... Wenn sie uns furchtsam und feige sehen, dann vermehren sie die Mutlosigkeit durch ihre Erscheinungen und Drohungen, und die arme Seele wird damit gefoltert. Wenn sie uns dagegen freudig im Herrn finden ... dann wenden sie sich beschämt ab.“[19]

Das alles hat zweifellos eine gewisse geistige Logik und innere Konsequenz. Ob aber diese Interpretation der Phänomene der Wirklichkeit entspricht, mehr ist als bloße Arbeitshypothese, darüber läßt sich eine „objektive“ Aussage im Sinn der Wissenschaft nicht machen. Wohl aber kann man sagen, daß sie bestimmten seelischen Erfahrungen gerecht wird.

Um noch einmal bei Antonios anzusetzen: für ihn zählte in diesem Leben nur eins – zur Vereinigung mit Gott zu gelangen, soweit das während dieser irdischen Existenz möglich ist. In diesem seinem Streben wurde er durch die verschiedenartigsten Störfaktoren behindert.

„Diese Störungen“, schreibt Ludwig von Hertling, „verhielten sich in ihrer Gesamtheit wie eine intelligente Macht, wie ein Feind. Sie hatten ihre Eigentümlichkeiten. Es ließen sich Regeln aufstellen, wie man sie bekämpfen konnte. Die Störungen kamen dann, wenn man selbst Fehler im asketischen Verhalten machte; Furchtsamkeit rief sie auf den Plan, mutiges Entgegentreten vertrieb sie, insbesondere eifriges Gebet. Manche Störungen waren nicht auf den ersten Blick zu erkennen; sie stellten sich mitunter anfangs wie Förderungen dar. Es gab aber Kriterien, an denen man ihren wahren Charakter erkennen konnte.“[20]

---

[19] Des heiligen Athanasius „Leben des heiligen Antonius“, übersetzt von Hans Mertel, Bibliothek der Kirchenväter, Verlag J. Kösel, Kempten – München 1917, S. 730.

[20] Ludwig von Hertling, Antonius der Einsiedler, Verlag F. Rauch, Innsbruck 1929, S. 55.

Der „Hindernde“ – das ist die wörtliche Übersetzung der biblischen Bezeichnung „Satan“. Da ist „etwas“, was sich querlegt, sobald einer, dem natürlichen Antrieb seiner Seele folgend, tun will, was zu tun gut wäre für sein wahres „Selbst“. Beim sogenannten „guten Vorsatz“ wird diese quertreibende Macht besonders deutlich – wie etwas, das den Menschen partout aus der Richtung wegdrängen will, die er im Begriff ist einzuschlagen. Geradezu mit Raffinesse bietet dieses „etwas“ tausend Gründe auf, warum es besser sei, erst morgen mit der Ausführung des Vorsatzes zu beginnen; „morgen“ wird zwar mit Sicherheit etwas Neues „dazwischenkommen“, was einen neuen Aufschub vernünftig erscheinen läßt, aber für heute gibt es einem das gute Gewissen, grundsätzlich durchaus tun zu wollen, was zu tun man sich vorgenommen hat. So kann der Mensch das verblüffende Gefühl haben, es sei da etwas wie eine ausgekochte Strategie im Spiel, die von einer präzisen Berechnung seiner individuellen Schwachpunkte bestimmt ist. Infolgedessen kann der Eindruck entstehen, man habe es tatsächlich mit persönlichen Feinden zu tun, für die sich aus der Bibel die Figuren von Teufel und Dämonen anbieten. Tiefenpsychologisch wird man diese hindernde Macht als etwas Selbst-Feindliches im eigenen Unbewußten deuten , das – rätselhaft genug! – der Vollendung des Selbst widerstrebt. Aber woher eigentlich und wieso eine solche Antistrebung? Klingt eine solche, sich im rein psychologischen Aussagefeld haltende Interpretation etwa einleuchtender oder wahrscheinlicher als das biblische Zeugnis von höchst realen Antimächten, die den Menschen auf seinem Weg zu Gott gefährden und behindern? Wie immer man diese Frage beantworten mag, der Volksmund jedenfalls sagt: Der Weg zur Hölle ist mit guten Vorsätzen gepflastert. Und wenn man die Endstation Hölle in diesem Sprichwort genügend „entmythologisiert“, würde sogar jedermann zugeben können, daß etwas Wahres daran ist.

„Von einem Altvater wird erzählt: Wenn ihm seine Gedanken vorsagten: ‚Laß heute nach, du kannst ja morgen wieder Buße tun‘, dann widersprach er ihnen mit den Worten: ‚Nein, sondern heute will ich Buße tun; morgen aber geschehe Gottes

Wille'" (WdV Nr. 991). Hier sehen wir, wie das „Hindernde" sich Geltung verschafft auf dem Weg über die „Gedanken" des Menschen. Wir dürfen uns darum nicht wundern, wenn wir in den Erzählungen von den Altvätern und in den Sammlungen ihrer Aussprüche gleichsam auf Schritt und Tritt diesen „Gedanken" begegnen. In den griechisch geschriebenen Quellen, also den logismoi (gesprochen: logisméu). „Logismoi" hat in den Überlieferungen dieser frühen Meister wie auch in der späteren spirituellen Tradition den Charakter eines terminus technicus gewonnen. Wörtlich übersetzt, bedeuten die logismoi zwar „Gedanken" – aber es sind doch Gedanken in einem spezifischen, in einem negativen Sinn gemeint: verquere Gedanken, durch Leidenschaften verbogene. Die Kritik an diesen logismoi hat nichts mit einem Vorbehalt gegen „denken" zu tun. Im Gegenteil! Der Vorbehalt gilt dem falschen Denken, das solche „Gedanken" produziert. Leidenschaftsgetrübte Gedanken aus schlammiger Quelle, aus Selbsttäuschung und innerer Unwahrhaftigkeit! Solcherart logismoi sind ein Hauptgegenstand der Wegweisungen dieser frühen Meister. Alle äußere asketische Bemühung muß sich verinnerlichen zu einem unaufhörlichen Kampf gegen die Gedanken, in denen die innere Ich-Befangenheit sich kundtut, durch die somit die verborgene Unlauterkeit greifbar und angreifbar wird. Das ist der Krieg, der das einsame Leben in der Eremitenklause – und nicht nur in ihr! – so dramatisch macht. Denn erst wenn man anfängt, sich geistig und geistlich ganz nach innen zu konzentrieren, wird man sich bewußt, was einem so alles an unwillkürlichen Gedanken und Gedankenfetzen in den Sinn kommt. Geradezu gemeine Gedanken oft: kleinliche – eigensüchtige – mißgünstige – großmannssüchtige – gehässige – rachsüchtige. Kein Ruhmesblatt! Und für den Wüstenmönch wie Hohn und Spott auf seine asketischen Anstrengungen. Da ist die Versuchung groß, solche Gedanken (wie wir das nennen würden) zu verdrängen, sie nicht wahrhaben zu wollen. Das aber wäre das größte Übel. Hat einer nicht den Mut, sich diesen logismoi zu stellen, sie vor sich hinzustellen, dann treiben sie im Untergrund der Seele ihr noch ärgeres Unwesen.

„Johannes Kolobos hat den Ausspruch getan: Über keinen freut sich der Teufel so sehr wie über jene, die ihre logismoi nicht offenbaren“ (WdV Nr. 675).

Unter den Wüstenleuten galt das strenge Gebot – nicht im Sinn eines Gesetzes, sondern einer seelischen Notwendigkeit –, daß man seine Gedanken offen darlegen müsse: einem geistlichen Vater, einem Meister des Weges, der sich in den Fallstricken der Logismoi auskennt und der den Mönch von falscher Scham zum rechten geistlichen Kampf zu führen versteht.

„Ein Bruder kam zum Altvater Poimen und sagte: ‚Vater, ich habe vielerlei logismoi und komme durch sie in Gefahr.‘ Der Altvater führte ihn ins Freie und sagte zu ihm: ‚Breite dein Obergewand aus, und halte die Winde auf!‘ Er antwortete: ‚Das kann ich nicht!‘ Da sagte der Greis zu ihm: ‚Wenn du das nicht kannst, dann kannst du auch deine Gedanken nicht hindern, zu dir zu kommen. Aber es ist deine Aufgabe, ihnen zu widerstehen‘“ (WdV Nr. 602).

Denn, so sagte ein anderer Altvater: „Nicht weil uns schlechte Gedanken einfallen, werden wir ihretwegen verdammt, sondern wenn wir sie schlecht gebrauchen. Es ist nämlich so, daß wir durch Gedanken sowohl Schiffbruch leiden können, wie auch daß wir durch Gedanken gekrönt werden können“ (WdV Nr. 1103).

Um den logismoi zu widerstehen, muß man sie freilich zunächst einmal als „schlechte Gedanken“ durchschaut haben. Das ist nicht immer leicht. Sie scheinen oft so gar nicht egoistisch verborgene, sondern geradezu altruistische Gedanken zu sein. Über Makarius von Alexandrien, einen berühmten Altvater, ist bei Palladius zu lesen:

„Seine logismoi plagten ihn einst, er solle die Zelle verlassen und aus edler Absicht nach Rom reisen, um Kranke zu heilen... Obwohl die Versuchung lange dauerte, gab er nicht nach. Zuletzt warf er sich auf die Türschwelle nieder, streckte die Füße nach außen und sagte: ‚Zieht, ihr Teufel, zieht! Denn ich gehe nicht fort mit meinen eigenen Füßen; könnt ihr mich wegbringen, so will ich gehen.‘ Und er schwor ihnen: ‚Ich bleibe liegen bis zum Abend, und wenn ihr mich nicht wegschaffet, will ich auf euch nicht hören.'"[21]

Natürlich wäre es eine „gute Tat" (höchst „sozial" würden wir sagen), nach Rom zu gehen, um dort die Kranken zu heilen – so man die Gabe dazu hat! Für Makarius aber wäre es ein Ausweichen vor seiner eigentlichen Berufung gewesen, hier, in der Zelle, standzuhalten in diesem manchmal so schrecklichen, einsamen Kampf der Seele.

Vielen logismoi ist ihre Schäbigkeit gleichsam auf die Stirn geschrieben; andere müssen erst enttarnt werden. Wichtig ist, daß man lernt, sie bis in ihre Wurzeln zu durchschauen und ihre gegenseitigen Verpflechtungen zu verstehen.

„Ein Bruder fragte einen Greis: ‚Was soll ich tun, weil mich viele Gedanken beunruhigen, denen ich nicht Widerstand zu leisten vermag?' Der Greis antwortete: ‚Bekämpfe nicht alle zugleich, sondern zunächst einen. Alle logismoi haben nämlich einen Kopf, es geht also darum, herauszufinden, worin er besteht und welcher Art er ist, und dann diesem zu widerstehen. Auf diese Weise werden nämlich auch die übrigen logismoi gedemütigt'" (WdV Nr. 1105).

Für den einsam Lebenden ist natürlich die Gefahr besonders groß, in einem ganzen Strudel von Gedanken unterzugehen. Darum wird den Wüstenmönchen strenge Gedankenzucht geboten. Glücklicherweise gibt es Hilfen gegen die Turbulenz der logismoi: ein streng disziplinierter Tageslauf mit einem harmonischen Wechsel von Meditation und Arbeit. Müßiggang wäre auch hier „aller Laster Anfang" – eine Brutstätte trüber Gedanken.

„Als der Altvater Antonios einmal in verdrießlicher Stimmung und mit düsteren Gedanken in der Wüste saß, sprach er zu Gott: ‚Herr, ich will gerettet werden, aber meine logismoi lassen es nicht zu. Was soll ich in dieser meiner Bedrängnis tun? Wie kann ich das Heil erlangen?' Bald darauf erhob er sich, ging ins Freie und sah einen, der ihm glich. Er saß da und arbeitete, stand dann von der Arbeit auf und betete,

---

[21] Palladius, a.a.O. S.43.

setzte sich wieder und flocht an einem Seil, erhob sich dann abermals zum Beten; und siehe, es war ein Engel des Herrn, der gesandt war, Antonios Belehrung und Sicherheit zu geben. Und er hörte den Engel sprechen: ‚Mach es so, und du wirst das Heil erlangen.' Als er das hörte, wurde er von großer Freude und mit Mut erfüllt, und durch solches Tun fand er Rettung" (WdV Nr. 1).

Der Engel sah aus, als wäre er dem Antonios ähnlich. Von einigen Wüstenvätern wird erzählt, daß sie am Ende ihres Lebens fast wie Engel aussahen. Betrachtet man doch die Wüste, diesen Tummelplatz der Dämonen (man zog ja nicht zuletzt deshalb in die Wildnis hinaus, um diesen Mächten des Bösen die Stirn zu bieten), andererseits als eine Art Vorhof des himmlischen Paradieses. Konnte man hier doch schon leben, wie die Engel des Himmels leben: ganz in Gott versenkt, zur „Ruhe" des Lebens gelangt. Weshalb die Lebensform der Wüstenasketen „das engelgleiche Leben" genannt wurde!

„Einer von den Vätern erzählte, daß er mit dem Altvater Silvanos zusammentraf, und er sah sein Antlitz und seinen Leib leuchten wie einen Engel" (WdV Nr. 867).

Die Grenze nach oben ist durchlässig. Wie die Grenze nach unten. Der Mensch ist das Wesen, das dazwischensteht, steigen kann oder abstürzen wird. Ungeheure, ja ungeheuerliche Potenzen kennzeichnen den Menschen – zum Guten hin wie zum Bösen. Er ist das einzige Geschöpf dieser Erde unter der Würde und Qual der Entscheidung – zwischen Engeln und Dämonen.

Das gibt den Wegweisungen dieser Frühchristlichen Meister ihre dramatische Spannweite.

Der vorweggenommene Tod

Hier geht es nicht nur darum, den Tod anzunehmen, in die Endlichkeit des Lebens einzuwilligen. Wer derart entschlossen die Welt verlassen hat wie jene frühchristlichen Mönche und Nonnen in den Wüsten Ägyptens und des Vorderen Orients, wer so wie sie diesem Saeculum den Rücken kehrte, um nur noch für das Aeternum, das Ewige, zu leben – nun, der wird gleichsam liebend gern zum Tode ja sagen, der ihn ans Ziel all seiner Sehnsüchte bringen wird. Die Frühchristlichen Meister brauchten ihre Schüler nicht erst zu lehren, den Tod zu akzeptieren. Sie sagten: Lebe wie einer, der gestorben ist! Das klingt schon anders. Hier wird der Tod ins Leben voll integriert. Die fordernde Macht des vorweggenommenen Todes ist ein zentraler Punkt in den Wegweisungen der Altväter.

„Der Altvater Daniel erzählte über den Altvater Arsenios: Einmal kam ein Beamter und brachte ihm das Testament eines Senators, eines Verwandten von ihm, der ihm eine bedeutende Erbschaft hinterließ. Arsenios nahm es und wollte es zerreißen. Da fiel ihm der Beamte zu Füßen und sprach zu ihm: ‚Zerreiße es bitte nicht; denn das kostet mich den Kopf!‘ Da sagte zu ihm der Altvater Arsenios: ‚Ich bin vor jenem schon gestorben, und er ist eben erst gestorben.‘ Und er gab ihm das Testament zurück, ohne etwas zu nehmen“ (WdV Nr. 67).

Das Erstaunen und Erschrecken des Beamten kann man sich vorstellen; vermutlich hatte er damit gerechnet, daß Arsenios die Erbschaft annehmen werde – wenn nicht für sich persönlich, so doch „für gute Zwecke“, zur Unterstützung von Klöstern etwa. Es handelte sich ja offenbar um ein beträchtliches Vermögen. Arsenios, eine der Leuchten unter den Wüstenvätern, war 354 aus römischem Senatorengeschlecht geboren worden; Kaiser Theodosius hatte den hochgebildeten Mann zum Erzieher seiner Söhne berufen, so daß Arsenios, bevor er in die Wüste ging, Jahrzehnte im kaiserlichen Palast zu Konstantinopel gelebt hatte. Aber selbst für beste Zwecke konnte Arsenios das Testament seines Verwandten nicht akzeptieren. Nur Lebende können einen Toten beerben – er selbst ist lange vor dem Erblasser gestorben. Das spirituelle Faktum hat auch seine juristischen Konsequenzen: es ist nicht etwas nur Symbolisches, man tut nicht nur so, als ob. Es wird als Realität empfunden und gelebt.

„Der Altvater Poimen erzählte: Ein Bruder fragte den Altvater Moses, auf welche Weise sich ein Mensch zum Toten gegenüber dem Nächsten machen könne. Der Greis antwortete: ‚Wenn sich der Mensch in seinem Herzen nicht zu einem macht, der schon drei Tage im Grabe liegt, dann wird er nicht zu jener geistlichen Einstellung kommen'" (WdV Nr. 506).

Auf ein solches Wechselspiel von Frage und Antwort stoßen wir immer wieder in den Altvätertraditionen: Es ist der Lebensnerv des Meister-Schüler-Verhältnisses. Wir sind über die ganze Praxis der geistig-geistlichen Führung ausgezeichnet unterrichtet durch die verschiedenen Sammlungen der Vätersprüche, der „Worte der Väter", Apophthegmata (s. o. S. 108). Aus diesen Apophthegmata stammen auch die meisten der hier zitierten Texte. Sie stellen eine andere Art von Überlieferungen dar, als wir sie etwa bei Palladius, bei Cassian oder in der „Geschichte der Mönche in Ägypten" vor uns haben. Bei diesen Sammlungen von Vätersprüchen zeichnet kein Autor namentlich verantwortlich, kein geistlicher Schriftsteller hat hier aus vorhandenem Überlieferungsmaterial nach eigener Konzeption ein literarisches Werk verfaßt. Die Apophthegmata spiegeln die unter den Mönchen Ägyptens umlaufenden Traditionen wider in ihrer noch unliterarischen Gestalt: eine mündliche Überlieferung im Grunde, die zwar schriftlich fixiert worden ist, jedoch ohne schriftstellerische Durchformung und Gestaltung. Ähnlich haben wir uns die Spruchsammlungen zu denken, die die Vorläufer der neutestamentlichen Evangelien gewesen sind. Die Apophthegmata bieten also die Überlieferungen der Wüstenväter gleichsam im Rohzustand dar – eine Quelle, ersten Ranges, wie sie authentischer nicht sein könnte. – Kern einer jeden Texteinheit ist der Väterspruch. Er ist nicht selten von lapidarer Kürze: knapp – um so genauer treffend. Wir sind hier in einer Welt, wo Einsamkeit und Schweigen zu den wichtigsten Instrumenten des spirituellen Fortschritts zählen, wo darum schon ein einziges Wort die Seele aufs tiefste beeindrucken kann. Ein erleuchtetes Wort, ein erleuchtendes – wenn eben ein Abbas, ein Altvater, es spricht.

„Ein Bruder kam zum Altvater Makarios dem Ägypter und sagte: ‚Vater, sage mir ein Wort! Wie kann ich das Heil erlangen?‘ Der Greis belehrte ihn: ‚Gehe hin zum Grabmal, und höhne die Toten.‘ Der Bruder ging also hin, verhöhnte und warf mit Steinen. Dann kam er zurück und berichtete dem Greis. Der fragte: ‚Haben sie dir nichts gesagt?‘ Er antwortete: ‚Nein.‘ Da sprach der Greis zu ihm: ‚Gehe morgen wieder hin, und lobe sie!‘ Der Bruder ging hin und lobte sie und sprach: ‚Apostel, Heilige, Gerechte!‘ Und er kam zum Greis und berichtete: ‚Ich habe sie gelobt!‘ Und er fragte ihn: ‚Haben sie nichts geantwortet?‘ Der Bruder antwortete: ‚Nein!‘ Da belehrte ihn der Greis: ‚Du weißt, wie sehr du sie geschmäht hast, und sie antworten dir nicht – und wieviel du sie gelobt hast, und sie haben nichts zu dir gesagt. So mußt auch du sein, wenn du das Heil erlangen willst. Werde ein Leichnam, beachte weder das Unrecht der Menschen, noch ihr Lob – wie die Toten, und du wirst gerettet werden‘“ (WdV Nr. 476).

Diese Unempfindlichkeit gegen Lob wie Tadel kommt nicht aus einer Art stoischen Gleichmutes, worin der Mensch sich selbst genügt – so sehr genügt, daß es ihn nicht weiter berührt, ob er bei anderen Menschen Sympathie oder Antipathie erweckt. Die Gleich-gültigkeit von Anerkennung und Geringschätzung hat eine ganz andere Wurzel. Ob man Ehre oder Nicht-Ehre bei den Mitmenschen findet – für das spontane Selbstwertgefühl so entscheidend! –, zählt nicht, wenn man nicht mehr zu den Mitspielern auf dieser Lebensbühne gehört. Wenn man bereits abgetreten ist, aus der Rolle entlassen, die man in diesem Leben zu repräsentieren hatte! Wenn man das Kostüm ausgezogen und die eigenen Kleider angezogen hat, um endlich „ganz ich selbst" sein zu können, der, der man ist „sub specie aeternitatis – unter dem Aspekt der Ewigkeit". Der eigentliche, der wahre Mensch, der beim Tod seiner Larve entschlüpft!

„Wie kann sich einer dem Nächsten gegenüber zum Toten machen?" fragte der Bruder den Altvater Moses. Die Notwendigkeit ist ihm bekannt, aber er weiß nicht, was er tun muß, um zu einer solchen Grundeinstellung zum jeweils Nächsten zu gelangen. „Du findest diese geistliche Einstellung nur", sagt der Abbas, „wenn du dich in deinem Herzen zu einem machst, der schon drei Tage im Grab liegt." Was heißt das? Soll man es sich vorstellen? Soll man so tun, als ob? Soll man es sich einbilden? „Ein-Bildung" ist vielleicht wirklich gemeint, freilich nicht in dem negativen Sinn, den wir meist damit verbinden. Seinem ursprünglichen Wortsinn nach deutet „ein-bilden" auf eine positive Möglichkeit des menschlichen Geistes hin. Ich kann etwas objektiv Wirkliches zu einem mir subjektiv Erfahrbaren und Erlebbaren machen, indem ich es von außen nach innen hole, sein „Bild" in meiner Seele erstehen und wirksam werden lasse, mir also „einbilde" im Sinne einer aktiven Imagination.

„Ein Altvater sprach zu einem Bruder: Vergegenwärtige dir alle Tage deinen Tod als nahe, und bekümmere dich um nichts in dieser Welt, gleich, als lägest du schon lang im Grabe" (WdV Nr. 1016).

Das heißt: der Tod kommt nicht einfach „irgendwann", er ist nahe, er kann näher sein, als du denkst, vielleicht steht er schon vor der Tür, und du weißt es nicht. Betrachte ihn nicht als etwas vage Zukünftiges, hole ihn in deine Gegenwart, in dein „heute" hinein. „Vergegenwärtige" dir deinen Tod!

Aber das allein reicht noch nicht. Der Tod soll nicht nur vor einem stehen – etwas, das man „vor sich hat". Man muß ihn hinter sich bringen. Nur dann, wenn du bist, als lägest du schon längst im Grab, verstehst du, was in diesem Leben des Bekümmerns wert ist – und was nicht!

Vielleicht sollten wir uns an dieser Stelle eine kleine Exkursion aus der Welt der Wüstenväter gestatten. Der vorweggenommene Tod, Bedeutungsinhalt aller Initiation, ist ja kein Sondergut dieser frühchristlichen Mönche; er ist – als Taufe – die Grundlage des christlichen Lebens, falls aus den christlichen Mysterien gelebt wird. Ja, er spielt auch in anderen Religionen und allen großen Weisheitsschulen die entscheidende Rolle.

Wie die Vorwegnahme des Todes zum entscheidenden DURCHBRUCH werden kann, zeigt das Leben des großen Hindu-Heiligen Sri Ramana Maharishi. Im Jahr 1896 – er war gerade siebzehn Jahre alt, noch nicht ganz erwachsen und in nichts verschieden von seinen Altersgenossen – hatte er ein Erlebnis, das sein Leben völlig aus der Bahn warf. Er hat später zu seinen Schülern davon gesprochen:

„Es geschah ganz plötzlich. Eines Tages saß ich allein in einem Raum des ersten Stockes im Haus meines Oheims. Ich fühlte mich frisch und wohl wie gewöhnlich... Auf einmal packte mich jäh und unzweideutig der Schrecken des Todes. Ich fühlte, ich müsse jetzt sterben. Warum ich das fühlte ... konnte ich mir nicht erklären. Aber ich bemühte mich auch gar nicht, herauszufinden, ob meine Todesangst begründet sei ... dachte auch nicht daran, einen Arzt oder Verwandten oder gar Fremden zu fragen! Ich fühlte: diese Frage muß ich selber lösen, hier und jetzt, auf der Stelle."

Er hält dem Todesschrecken stand, setzt sich ihm aus, gibt sich ihm hin, durchlebt im Geist alle Stadien des Sterbens aufs konkreteste: das Aufhören der Atmung, das Starrwerden der Glieder, sieht, wie man den toten Leib zur Leichenstätte trägt, ihn dort verbrennt – und erlebt, erfährt: was dort zu Asche wird, bin nicht „ich selbst".

„Ich fühlte alle Kraft meines Wesens, sogar den Laut ‚Ich' in mir – ganz losgelöst vom Leib." Da ist etwas, was der Tod nicht anrühren kann, was „todlos" ist. „All das war nicht bloß ein Vorgang in meinem Denken, es stürzte als lebendige Wahrheit in Blitzen auf mich ein." „Die Furcht vor dem Tod war ein für allemal vergangen!"

Der junge Mann hat zum erstenmal sein „Selbst" erfahren – als etwas, was nicht identisch ist mit seinem Leib, was nicht einmal identisch ist mit jenem „Ich", als das er sich bis zu diesem Augenblick kannte. Eine totale Veränderung seiner Lebenseinstellung ist die Folge. Es wird ihm zuerst bewußt am Verhältnis zu seinen Kameraden. Er hat kein Bedürfnis mehr, sich bei ihnen Geltung zu verschaffen. Er leidet nicht mehr unter Neckereien und schlechten Späßen. Jenes „Ich", das dafür angreifbar war, ist gestorben[22].

„Die durchgestandene Einverleibung des Todes", so interpretiert Heinrich Zimmer das Schlüsselerlebnis des Maharishi, „befähigt zu einem höheren Leben. Das Ich, das überall als Vehikel und als Widerstand im Wege ist, hat sich zerlöst. Die reine innere Erfahrung hat ... alle Beziehung zur Welt verwandelt ... Eine Kraft ist aufgestanden, still, unversieglich, allem gewachsen ... Alles Mögen und Nichtmögen fällt dahin. Willigkeit zu allem, Bereitschaft, Lasten zu tragen, Gleichmut zum Schwersten sind an ihre Stelle getreten[23].

„Ein Bruder fragte den Altvater Moses: ‚Ich sehe eine Aufgabe vor mir und kann sie nicht erfüllen.' Da sagte ihm der Alte: ‚Wenn du nicht ein Leichnam wirst wie die Begrabenen, kannst du sie nicht bewältigen'" (WdV Nr. 505).

Warum soll ausgerechnet der „Leichnam" solche Stärke haben? Ein wirklich merkwürdiges Bild! Wieso kann man erst dann, wenn man den Tod hinter sich hat, die schwersten Aufgaben bewältigen? Das hängt damit zusammen, daß, wer für dieses Leben gestorben ist, seine Kräfte nicht mehr mit Problemen verzettelt, für die er nicht zuständig ist, sich nicht in Dinge einmischt, die ihn nichts angehen.

Aber ist dieser Grundsatz der Nichteinmischung nicht höchst verantwortungslos?

„Paesios, der Bruder des Altvaters Poimen, hatte einmal eine Unstimmigkeit mit einem außerhalb seines Kellions. Dem Abbas Poimen war das nicht recht, so erhob er sich und floh zum Altvater Ammonas. Er sagte ihm: ‚Paesios, mein Bruder, hat eine Feindseligkeit mit einem und das läßt mich nicht zur

---

[22] Heinrich Zimmer, Der Weg zum Selbst – Lehre und Leben des Shri Ramana Maharishi, Eugen Diederichs Verlag, Düsseldorf – Köln 1974, S. 27f.
[23] Heinrich Zimmer, a. a. O. S. 28.

Ruhe kommen.‘ Abbas Ammonas antwortete ihm: ‚Poimen, du lebst doch noch? Auf, setze dich in dein Kellion, und sage zu deinem Herzen: Du bist schon ein Jahr im Grab‘“ (WdV Nr. 576).

Viele dieser Meister-Weisungen haben zunächst einmal etwas Schockierendes, leuchten auf Anhieb gar nicht ein; man muß oft lange darüber nachdenken. Ist Poimen für seinen Bruder denn nicht mitverantwortlich? Die Sorge soll er Gott überlassen! Den ihm aufgegebenen Kampf mit dem Bösen hat er in der eigenen Seele auszufechten, nicht in der Seele seines Bruders. Aber Altvater Ammonas handelt ja selbst nicht nach diesem Grundsatz! Macht er sich in diesem Augenblick nicht auch zum Richter – zum Richter über Poimen? Das ist etwas anderes. Poimen hat ihn ja um Rat angegangen, ist zu ihm gekommen, um Urteil und Weisung zu empfangen. Ein rechter Altvater urteilt (im allgemeinen wenigstens!) nicht von sich aus. Der Seelenzustand eines Bruders wird dann zur Angelegenheit des Abbas, wenn der Bruder sich ihm anvertraut, ihn um sein „Wort“ bittet. Dann freilich geht der Altvater unter Umständen mit einem solchen Bruder streng ins Gericht, dann gibt es keine falsche Schonung und unangebrachte Nachsicht. Ansonsten gilt: Bist du mit diesem Fall nicht betraut, so misch dich nicht ein. Es geht dich nichts an. Setz dich in dein Kellion, und denk über deine eigenen Sünden nach!

„Abbas Moses sagte: ‚Der Mensch muß tot sein für seinen Genossen, damit er ihn nicht in irgendeiner Sache richte“ (WdV Nr. 508).

Totsein und Richten stehen in diametralem Gegensatz zueinander. Jedes selbstangemaßte Urteil kommt aus erregter Seele. „Ruhe“ aber ist das Kennzeichen dessen, der den Tod hinter sich hat. Als Poimen bekennt, die Feindseligkeit seines Bruders gegen einen anderen Menschen lasse ihn nicht zur Ruhe kommen, fragt der Altvater: Wieso? Lebst du immer noch?

Die *Ruhe,* griechisch „hesychia“, ist Ziel und Zentrum der Spiritualität der Frühchristlichen Meister. Das Wort ist schwer übersetzbar. Es ist nicht jene sprichwörtliche „Seelenruhe“

gemeint, die wir vor Augen haben, wenn wir an einem Menschen loben, er habe die Ruhe weg und lasse sich durch nichts aus der Ruhe bringen. Für die Väter war RUHE, hesychia, die Frucht von Kontemplation („Meditation") und Askese: eine Art irdischer Vorwegnahme jener Existenzweise, die die Seele nach dem Tod gewinnt. Konzentration des ganzen Wesens in seinen Mittelpunkt – in Gott hinein! Diese RUHE ist das kostbare Geschenk der Wüste. Mit „Herzensruhe" wird hesychia oft übersetzt. Das könnte an die gefühlige Sprache der Pietisten erinnern, hat damit aber nichts zu tun. Gemeint ist das Aufhören der Bewegung – der unruhvollen Eigenbewegung von Gedanken, Gefühlen, Willensstrebungen! –, wenn und weil das Ziel aller Bewegung erreicht ist. Wie eine Brieftaube stillsitzt und ihre Ruhe genießt, wenn sie nach angestrengtem, pfeilschnellem Flug den heimatlichen Schlag erreicht hat! Für die Altväter ist hesychia die Ruhe des ganz in Gott Versenkten. Die Gedanken schweigen, wenn Erkennen sich vertieft zum Schauen. Alle Gefühle sind in wunderbarer konzentrischer Harmonie einem einzigen Mittelpunkt zugeordnet. Und der Eigenwille ist umgeschmolzen in das machtvolle Wollen dessen, was Gott will. In diesem „Zustand" kann dem Wüstenmönch wirklich zumute sein, als sei er schon gestorben, als wäre er schon hinübergegangen ins Leben der anderen Welt – in der alles Begehren gestillt, alle Sehnsucht erfüllt ist, die selige „Ruhe" begonnen hat.

Muß man ausdrücklich anmerken, daß dieser Zustand auch in der Wüste ein Ausnahmezustand war – von wenigen erreicht und selten genug durch längere Zeit bewahrt? Aber diese hesychia war das Ziel, das „Traumziel", möchte man fast sagen; man versteht die Härte des asketischen Kampfes nur dann, wenn man die glühende Sehnsucht kennt, die ihn beflügelte.

Übrigens hatte auch der Maharishi Ruhe als die Frucht seines vorweggenommenen Todes erfahren. Er hat darüber gesagt:

„Sich vorzustellen, daß man schon tot ist, vielmehr vom Schauer dieser Gewißheit überfallen zu sein – was ist dann noch schwer? Eine stille Kraft, die allem standhält, ist allein übrig, in sich leuchtend wie eine Kerzenflamme steil in unbewegter Luft. Und sie fragt Tod und Leben: Wen oder was willst du treffen? Diesen Leib? Er ist tot... Dieses Ich? Sein Schein hat sich aufgelöst. Alle Schrecknisse und Bitternisse, vor denen die Kreatur sich bäumt, sind schon im voraus geschmeckt und abgetan.“[24]

Ein großes Wort! Auf ihre Weise haben die Väter der Wüste dasselbe gesagt. Ein sehr mutiges Wort – das sich freilich in den konkreten, den realen Schrecknissen und Bitternissen immer wieder von neuem bewahrheiten muß. Dann, wenn es nicht nur dem „Ich“, sondern auch dem „Leib ans Leder“ geht! Erst die Krankheit wird die volle Mannesprobe bringen! Der Hiob der Bibel hat bereits schwerste Prüfungen bestanden, seine Söhne, seine Knechte, seine Herden – alles verloren, ohne gegen Gott zu murren. Da erbittet Satan sich von Gott, daß er Hiob auf die alleräußerste Probe seines Glaubens stellen darf: „Haut um Haut! Alles, was der Mensch besitzt, gibt er für sein Leben. Doch strecke einmal deine Hand aus, und rühre an sein Gebein und Fleisch. Wahrhaftig, er wird dir ins Angesicht fluchen“ (Kap. 2). Nein – Hiob wird nicht fluchen, aber er wird in äußerste Seelenbedrängnis geraten: jetzt, erst jetzt, wird ihm Gott zum fremden Gott, unbegreiflich in seinen Schicksalsfügungen.

Von einem Altvater namens Benjamin, der achtzig Jahre in strengster Askese gelebt hatte, erzählt Palladius:

„Ihm wurde die Gabe zu heilen geschenkt, so daß ein jeder genas, mit welcher Krankheit auch immer er behaftet war. Diesen Mann, ausgerüstet mit solcher Wunderkraft, befiel acht Monate vor seinem Tod die Wassersucht, und sein Leib schwoll an, daß er aussah wie ein zweiter Hiob. Da lud Bischof Dioskuros, damals Priester im Natrongebirge, mich und den seligen Evagrius ein: ‚Kommt‘, sprach er, ‚und seht den neuen Hiob, wie er geschwollen ist und mitten im unheilbaren Leiden Gott unablässig dankt!‘ Wir gingen also hin und sahen, wie sein Leib entsetzlich aufgedunsen war, so daß man seine Finger einzeln nicht mit der Hand umspannen konnte. Er sah so schrecklich

[24] Heinrich Zimmer, a.a.O. S. 28.

aus, daß wir die Blicke wegwenden mußten. Da sagte der selige Benjamin: ‚Kinder, betet, daß nicht etwa die Wassersucht auch den inneren Menschen an mir befalle; der äußere hat mir ja, wenn es ihm gut ging, nicht genützt, und wenn es ihm schlecht ging, nicht geschadet.‘ Während jener acht Monate gab man ihm einen Sessel, der so breit wie möglich war, denn das Liegen war ihm unmöglich. Er heilte sogar noch andere, wiewohl er selbst so krank war.“[25]

Offenbar ist dieser Benjamin auch für die Wüstenleute eine Sehens-Würdigkeit. Als selbstverständlich empfinden sie seine Hiobs-Geduld nicht. Auch andere Texte der Altvätertradition lassen durchschimmern, daß Krankheit als ganz harte Prüfung galt – eine Prüfung, bei der mancher erprobte Asket „durchfiel“. Man hatte Grund, den zu bewundern, der die Prüfung bestand.

„Altvater Poimen sprach: Wenn drei zusammenwohnen, von denen der eine die Herzensruhe bewahrt, der andere krank ist, aber dafür dankt und der dritte in reiner Gesinnung dient, dann haben sie alle drei das gleiche Werk“ (WdV Nr. 603).

„Und vom Abbas Kopris erzählte er: Er erreichte ein solches Maß, daß er krank und bettlägerig danksagte und seinem eigenen Willen Einhalt gebot“ (WdV Nr. 442).

Vielleicht haben wir inzwischen eine wenigstens vage Vorstellung gewonnen von dem Maß an Vollkommenheit, das so mancher Wüstenvater nach vielen Jahrzehnten geistigen Kampfes erreichen durfte. Um so mehr mag es uns wundern, daß diese Meister des Weges schon die Geduld eines Kranken – Danksagung inmitten körperlichen Elends! – so hoch stellen, daß sie bereits darin ein Zeichen seelischer Vollendung erblikken wollen. Ein höheres Maß gibt es nicht. Denn offenbar erachtet ein Altvater wie Poimen die Ergebenheit, Geduld und Dankbarkeit eines Schwerkranken als völlig gleichrangig mit dem „Bewahren der Herzensruhe“ – diesem höchsten Gipfel im asketisch-mystischen Leben eines Wüstenmönches.

---

[25] Palladius, a.a.O. S. 26f.

Wenn einer krank ist und selbst dafür Gott dankt – das ist wie ein Fanal, leuchtendes Zeichen der Ich-Überwindung. Der hohe Stellenwert, den Leid, Schmerz, Qual in der Religion des Kreuzes haben, verführt oft genug dazu, sie voreilig zu glorifizieren. Zunächst einmal haben sie etwas Niederziehendes. Gerade der körperliche Schmerz fixiert den Menschen auf sich selbst, bannt ihn fest im Kerker seines Ichs, so daß er nicht mehr über sich selbst hinausschauen kann, nicht mehr wahrnimmt, was um und außer ihm ist. Wie die ganze Welt zusammenschrumpft zu den vier Wänden rings um sein Krankenlager, so verengt sich, was ihn noch innerlich angeht, auf den Krankheitsprozeß, dem er sich ausgeliefert sieht. Er denkt an nichts anderes mehr und spricht von nichts anderem mehr. Das ist natürlich, aber es ist nicht gut; der Körper leidet, und die Seele nimmt Schaden. Es sei denn, der Kerker werde gesprengt! Das ist die Macht des Dankens. Im Danken wird offenbar, daß das „Denken" seinen großen Radius zurückgewonnen und der Kranke gleichsam den Kopf wieder über Wasser hat. Mitten unter Schmerzen danken – wirksamer kann eine Askese nicht sein.

Von Amma Synkletika ist das Wort überliefert: „Das ist die große Askese: in Krankheiten tapfer aushalten und Dankeshymnen zu Gott emporsenden" (WdV Nr. 899).

Die letzte, die äußerste Probe, ob man wirklich schon seit langem „gestorben" ist, wird der leibliche Tod sein.

Sie sterben gar nicht alle so sanft, so selbstverständlich, wie man es von diesen bewährten Asketen erwarten würde. „Als der Altvater Arsenios im Sterben lag ... bemerkten die Brüder, daß er weinte. Da sprachen sie zu ihm: ‚Wahrhaftig, Vater, auch du fürchtest dich?' Er antwortete ihnen: ‚In Wahrheit, die Furcht, die jetzt in dieser Stunde in mir ist, ist in mir, seit ich Mönch geworden bin.' Und so entschlief er" (WdV Nr. 78).

„Abbas Matoe sagte: Je mehr der Mensch Gott nahekommt, desto mehr sieht er sich als einen Sünder. Als ich jünger war, sagte ich zu mir: Vielleicht werde ich ein gutes Werk tun! Jetzt aber, da ich alt geworden bin, sehe ich, daß ich auch nicht ein gutes Werk in mir habe" (WdV Nr. 515).

Es ist eigentümlich, wie diese wahrhaft verehrungswürdigen Meister nach einem so außerordentlichen Leben, das schon nicht mehr von dieser Welt war, die Ängste aller Sterblichen teilen und durchleiden: die Not um den Sinn des eigenen Lebens, die erschreckende Frage am Ende, ob man sein eigentliches Leben verfehlt hat oder nicht. Als müßten sie, nachdem sie gelebt haben, als ob sie längst gestorben wären, nun doch noch sterben wie jeder Sterbliche, dem der Tod zur letzten, großen Erprobung wird.

„Man erzählte vom Altvater Agathon: Er war stets bestrebt, jedes Gebot zu halten. Wenn er in ein Schiff stieg, ergriff er als erster das Ruder, und wenn Brüder zu ihm kamen, dann besorgte seine Hand den Tisch. Denn er war voll Gottesliebe. Als es mit ihm zum Sterben kam, verharrte er drei Tage mit offenen Augen und bewegte sich nicht. Da zupften ihn die Brüder und fragten: ‚Altvater Agathon, wo bist du?' Er antwortete: ‚Ich stehe im Angesicht des Richterstuhles Gottes.' Sie sagten zu ihm: ‚Fürchtest du dich, Vater?' Er antwortete ihnen: ‚Bisher habe ich meine Kraft eingesetzt, um die Gebote Gottes zu halten, aber ich bin ein Mensch. Woher kann ich wissen, ob mein Wirken gottgefällig war?' Da sagten die Brüder zu ihm: ‚Hast du kein Vertrauen auf dein Werk, saß es im Sinne Gottes war?' Der Greis erwiderte: ‚Ich habe keine Zuversicht, bis ich Gott gegenüberstehe. Denn anders ist das Gericht Gottes und anders das der Menschen.' Als sie ihn noch etwas fragen wollten, sagte er zu ihnen: ‚Tut mir den Gefallen, und sprecht nicht mehr mit mir; denn ich bin beschäftigt.' So ward er vollendet in Freude. Sie sahen, daß er sich aufrichtete, wie wenn einer seine Freunde begrüßt. Er hatte Wachsamkeit in allen Dingen und pflegte zu sagen: Ohne große Wachsamkeit schreitet der Mensch auch nicht in einer Tugend voran" (WdV Nr. 11).

Anmut der Seele

Antonios der Große, der Meister der Meister, Altvater der Altväter, hat gesagt: „Ich sah alle Schlingen des Feindes über die Erde ausgebreitet. Da seufzte ich und sprach: ‚Wer kann ihnen denn entgehen?‘ Und ich hörte, wie eine Stimme zu mir sagte: ‚Die Demut!‘“ (WdV Nr. 7)

Fern allem „Idealismus“, schätzen die Altväter die niederziehenden und hemmenden Kräfte, die den Menschen auf seinem geistigen Weg behindern, völlig realistisch ein. Furchtlos und ohne Illusionen durchschauen sie das menschliche Herz bis in seine dunklen Geheimnisse hinein. Aber sie kennen nicht nur die Anfälligkeiten des Menschen, sie wissen auch aus Erfahrung, welche stabilisierenden Kräfte dagegen mobilisiert werden können. Unter diesen Kräften stellen sie die Demut am höchsten. *Demut* bildet in ihren Augen so etwas wie den „Stein der Weisen“ – jenes Agens, das den Prozeß der Wandlung, Verwandlung, der Metamorphose der Seele in Gang bringt und immer weiter treibt. Darum ist *Demut* ein Zentralthema ihrer Wegweisungen.

Demut? Darf man das Wort heute überhaupt noch in den Mund nehmen – belastet, wie es ist, mit einer solchen Fülle verbildeter Gefühle, daß diese fälschlich so genannte „Demut“ als eine grundneurotische Haltung erscheint, die der Psychotherapeut mit vielen seiner Patienten als erstes aufarbeiten muß.

Aber wir können es uns hier nicht leisten, von der Demut zu schweigen, ist sie doch die Wurzel jener Herzenskultur, die auch Menschen von heute an so manchem rauhen Asketen der Wüste bezaubern kann, wie etwa bei folgender Geschichte, in der einer der berühmtesten Meister der Wüstenzeit die entscheidende Rolle spielt:

„Ein Bruder in der Sketis war gefallen. Man hielt eine Versammlung ab und schickte zu Abbas Moses. Der aber wollte nicht kommen. Daraufhin sandte ihm der Priester den Auftrag: ‚Komm, denn das Volk erwartet dich!' Moses erhob sich und kam. Er nahm einen durchlöcherten Korb, füllte ihn mit Sand und nahm ihn auf die Schulter. Die Brüder gingen ihm entgegen und sagten zu ihm: ‚Was ist das, Vater?' Da sprach der Greis zu ihnen: ‚Das sind meine Sünden. Hinter mir rinnen sie heraus, und ich sehe sie nicht, und nun bin ich gekommen, um fremde Sünden zu richten.' Als sie das hörten, sagten sie nichts mehr zu dem Bruder, sondern verziehen ihm" (WdV Nr. 496).

Der Demütige widersteht der Versuchung, aus dem Anschein von Unwert, in dem der Schuldiggewordene dasteht, Kapital zu schlagen für den eigenen Wert. Alle Entrüstung beruht auf diesem psychischen Mechanismus. Darum die immer wiederkehrende Mahnung der Wüstenväter: Denk an deine eigenen Sünden – dann vergeht dir die Lust, dich über fremde Sünden aufzuregen. „Einmal kam ein Bruder im Koinobion (Kloster) zu Fall. In jener Gegend wohnte nun ein Einsiedler. Zu diesem Greis kam der Abt des Klosters und machte ihm von dem Vorfall Mitteilung. Der sagte darauf: ‚Jagt ihn davon!' So mußte der Bruder das Kloster verlassen. – Er kam an einen Abgrund und weinte dort. Zufällig waren Brüder auf dem Weg zu Altvater Poimen, und als sie den Bruder weinen hörten, forderten sie ihn auf, mit ihnen zum Altvater zu gehen. Aber er wollte nicht, sondern sagte nur: ‚Hier sterbe ich.' – Die Brüder kamen zu Altvater Poimen und erzählten ihm die Sache. Er sandte sie zu dem Bruder zurück: ‚Saget ihm, der Abbas Poimen ruft dich!' Und so kam der Bruder. Da ihn der Greis erschüttert sah, stand er auf, begrüßte ihn, redete freundlich mit ihm und forderte ihn auf, etwas zu essen. – Zu jenem Einsiedler aber sandte Altvater Poimen einen der Brüder mit der Botschaft: ‚Seit vielen Jahren begehrte ich, dich zu sehen, da ich von deinem Leben hörte, aber wegen unserer beider Saumseligkeit trafen wir einander nicht. Nun, da Gott will und ein Anlaß gegeben ist, mach dir die Mühe und komm hierher, so werden wir uns sehen.' Zuerst wollte der Einsiedler sein Kellion nicht verlassen, als er jedoch die Botschaft hörte, sagte er: ‚Wenn nicht Gott es dem Greise eingegeben hätte, dann hätte er nicht zu mir gesandt.' Er machte sich also auf und kam zum Altvater. Mit Freude begrüßten sie einander und setzten sich. Abbas Poimen aber sprach zu ihm: ‚Zwei Menschen waren an einem Ort, und beide hatten einen Toten im Haus. Der eine ließ aber seinen Toten liegen, ging fort und beweinte den des anderen.' Als der Greis das hörte, ging er wegen dieses Wortes in sich und dachte daran, was er getan hatte, und sprach: ‚Poimen – oben im Himmel, ich aber ganz unten – auf der Erde!'" (WdV Nr. 580)

Den Toten im Hause des Nachbarn betrauern wollen und sich um den Toten im eigenen Haus nicht kümmern – was für ein absurdes Verhalten! Die Redewendung bekam unter den Altvätern Sprichwortcharakter. „Ein Greis sagte: Wenn wir unsere eigenen Sünden erkennen würden, dann würden wir nimmermehr die des Nächsten sehen. Denn töricht ist es, wenn ein Mensch, der selber einen Leichnam hat, ihn liegen läßt und fortgeht, den des Nächsten zu beweinen" (WdV Nr. 512).

Aber ist es nicht auch problematisch und der Psyche unbekömmlich, wenn einer dauernd in seinen eigenen Sünden herumwühlt? Das wollen diese frühchristlichen Meister gar nicht.

„Der Altvater Pambo fragte den Altvater Antonios: ‚Was soll ich tun?' Der Alte entgegnete: ‚Baue nicht auf deine eigene Gerechtigkeit, und laß dich nicht ein Ding gereuen, das vorbei ist...'" (WdV Nr. 6).

Unfruchtbar ist es, wenn einer nicht damit „fertig wird", was er in der Vergangenheit falsch gemacht hat. „Hätte ich doch..." – „Wäre ich doch nicht..." Dadurch wird nichts geändert, denn Geschehenes kann nicht ungeschehen gemacht werden. Und es wird dadurch auch nichts gebessert, im Gegenteil: jene inneren Kräfte, die man braucht, um das jetzt zu Tuende richtig zu tun, werden durch unfruchtbare Schuldgefühle geschwächt, ausgelaugt. Man bleibt völlig in sich selbst gefangen. Typischer Ausdruck: Ich kann es mir nicht verzeihen! Das lähmende Schuldgefühl ist monologisch, bleibt verfangen im Kerker des eigenen Ichs. Man hält das Schlechte, was man getan hat, bei sich fest, kann es nicht loswerden. Erst verfiel man ihm, indem man es tat, nun indem man es in Gedanken wieder und wieder tut. „Wie konnte ich nur...?"

Die Reue, von der die Meister der Wüstenzeit sprechen, ist etwas ganz anderes. Reue hat einen Adressaten. Sie ist nicht monologisch, sondern dialogisch. Befreiend! Sie ermöglicht es, sich von dem Bösen, das man getan hat, zu distanzieren, es loszuwerden.

„Der Altvater Antonios sprach zum Altvater Poimen: Das ist das große Werk des Menschen, daß er seine Sünde vor das Angesicht Gottes emporhalte und daß er mit Versuchung rechne bis zum letzten Atemzug" (WdV Nr. 4).

So sieht bei den Wüstenleuten „Bewältigung der Vergangenheit" aus: Die Sünde vor Gottes Angesicht emporhalten! Mit dieser geistigen Geste hängt der Mönch Sorge und Kummer um Wert oder Unwert seiner Seele im Himmel auf. Sein Selbstwertgefühl ist damit nicht mehr in ihm selbst zentriert, sondern in einer Macht über ihm, die er als schenkende und vergebende Güte erlebt, von der er sich mit allen Fasern seiner Existenz bedingt fühlt – ebenso abhängig wie aufgehoben. Das gibt ihm eine Art königlicher Unabhängigkeit von aller Sorge, was andere Menschen von ihm denken und halten. Demut hat nichts mit „Minderwertigkeitsgefühlen" zu tun. Das wäre „unreine Demut", wie später die jüdischen Meister unter den osteuropäischen Chassidim sagen sollten; weshalb sie auch warnten: „Das größte Übel ist, wenn du vergißt, daß du ein Königssohn bist!"[26]

Von Altvater Pambo, dem Antonios einstmals als „Meister des Weges" das Wort gesagt hatte: „Baue nicht auf deine eigene Gerechtigkeit, und laß dich nie ein Ding gereuen, das vorbei ist", konnten später seine eigenen Schüler erzählen: „Er war wie ein König, der auf dem Throne sitzt!" (WdV Nr. 773)

Im Kraftfeld der Demut können sich keine Minderwertig-

---

[26] Martin Buber, a.a.O. (vgl. Anm. 45 zum Ersten Teil) S. 40.

keitskomplexe bilden. Wo welche vorhanden sind, werden sie durch Demut aufgelöst. Wie ein Krampf, der sich völlig entspannt. Der Demütige hat es nicht nötig, seinen eigenen Wert durch Vergleich mit dem Wert anderer Menschen zu ergründen, wodurch ebensooft Überheblichkeitsgefühle wie Minderwertigkeitsgefühle entstehen.

„Ein Bruder, der mit anderen Brüdern zusammenlebte, fragte den Altvater Besarion: ‚Was soll ich tun?' Der Greis antwortete ihm: ‚Schweige und miß dich nicht (mit anderen)'" (WdV Nr. 165). Das bedeutet, konsequent gelebt, das Ende aller Rivalität. Was einer ist und wert ist, läßt sich nicht aus seiner Position in der Horizontalen mitmenschlicher Existenz ableiten (nahe an Alpha oder an Omega), sondern wird aus der Vertikalen bestimmt – von diesem Allerhöchsten her, dem der Mensch sich selbst verdankt, nun wirklich mit allem, was er ist und wert ist. Das ist das Ende der „Hackordnung", wenn man so sagen will. Sogar ihre Umkehrung! Denn bei den Altvätern ist ein Streben zum untersten Ende hin zu beobachten. Nicht aus „unreiner Demut", sondern aus einer ganz realen Einschätzung der verführerischen Macht von Ansehen, Ehre, Geltung.

„Man erzählte von Altvater Makarios: Wenn ein Bruder zu ihm kam wie zu einem heiligen Greis und einem Großen und ihn voll Ehrfurcht behandelte, dann sprach er nicht zu ihm. Wenn aber einer von den Brüdern zu ihm kam, wie um ihn herabzusetzen, sagte: ‚Abbas, wie du noch ein Kameltreiber warst und Natron stahlst und es verkauftest, haben dich da die Aufseher nicht verprügelt?' – wenn einer so mit ihm sprach, dann antwortete er mit Freuden, falls ihn jener dann etwas fragte" (WdV Nr. 484).

Der letzte Platz ist überhaupt besser als der erste. Darin stimmen die Frühen Meister mit der merkwürdigen Umkehrwelt des Evangeliums völlig überein. Unten zu sein ist nicht nur für die Demut gut, sondern auch für den *Gehorsam*. Da haben wir nun das zweite Reizwort. Und wieder können wir nicht darauf verzichten, wollen wir die Wurzeln kennenlernen, aus denen die Herzenskultur dieser Wüstenleute erblüht.

Was sie „Gehorsam“ nennen, gibt ihrem Umgang miteinander jene zarte Rücksicht, die sie manchmal wie Wesen aus einer anderen Welt erscheinen läßt – ohne den uns so natürlich erscheinenden Drang, die je eigenen Meinungen und Interessen zu behaupten. Unfähig zum Streit! Natürlich hat es unter den Wüstenleuten gelegentlich massive Auseinandersetzungen und häßliche Streitereien gegeben. Das wird auch nicht verschwiegen, wird aber auch nicht gerade zum beherrschenden Thema der Erzählungen. Diese sollen ja nicht eine Bestandsaufnahme vom Durchschnittsstatus der Mönche vermitteln – sie sollen begeistern, anspornen, sollen die hohen, ja höchsten Ziele vor diesen einsam Kämpfenden aufleuchten lassen und ihnen gleichzeitig Mut machen, daß es nicht utopische, sondern erreichbare Ziele sind.

Geht man mit dieser Einstellung auch an die folgende Geschichte heran (der sie als erster erzählt hat, war offenbar nicht ohne Humor), so kann man seine Freude daran haben.

„Zwei Altväter wohnten in einem Kellion und hatten sich nie jemals auch nur im geringsten entzweit. Da sprach einmal der eine zum anderen: ‚Wir wollen auch einmal einen Streit anfangen wie andere Leute.‘ Der andere aber sagte: ‚Ich weiß nicht, wie ein Streit entsteht.‘ Jener antwortete: ‚Siehe, ich lege hier einen Ziegelstein in die Mitte und sage: Er gehört mir. Daraufhin sagst du: Nein, er gehört mir! Und daraus entsteht dann Streit und Zank.‘ Und nachdem er den Stein in die Mitte gelegt hatte und sagte: ‚Der ist mein und nicht dein!‘, antwortete der andere: ‚Ich glaube er ist mein.‘ Hierauf sagte der erste wieder: ‚Er ist doch mein und nicht dein!‘ Da sagte der zweite: ‚Wenn er dein ist, dann nimm ihn!‘ Darauf hatte ihr Streit wieder ein Ende“ (WdV Nr. 1167).

Nur: was hat das mit Gehorsam zu tun?

Bei den Altvätern hat „Gehorsam“ einen ganz weiten Sinn; da hat er nicht nur seinen Platz in hierarchischen Beziehungsverhältnissen. Für sie gibt es – sinnvoll! – auch eine Unterordnung gegenüber jedermann. Loslassen des Eigenwillens ist Ziel des spirituellen Lernprozesses. Nicht als ob ihnen Willenlosigkeit als Ideal erschienen wäre. Im Gegenteil! Es geht darum, daß der Wille mit seiner ganzen Kraft in die richtige Stoßrichtung kommt, befreit von allen egohaften Hemmungen.

Sogar das eigene Denken und Urteilen soll man unterordnen. Dabei kannten und anerkannten die Meister immer jene Grenze, die in der gesamten christlichen Tradition stets betont wurde: Gottes Wahrheit, Gottes Gebot. Aber wie weit erstreckt sich das Tummelfeld menschlicher Urteile und Meinungen, persönlicher Vorhaben und Planungen diesseits dieser Grenze! Und hier wurde hartnäckiges Bestehen auf eigenen Meinungen als mangelnde Bescheidenheit, jedes Insistieren auf den eigenen Plänen als Eigenwilligkeit getadelt. Gehorchen kommt von horchen, aus völlig gesammeltem Horchen. *So* Ohr sein für den anderen, daß einem darüber, was man selber denkt, meint, wünscht, will – fast! –, verstummt. Die Wüstenleute erzählten einander eine Reihe beispielhafter Geschichten vom Gehorsam der Altväter. Wobei sie es nicht selten liebten, mit einer Art karikierender Überspitzung jenen Zug zu verdeutlichen, den sie herausstellen wollten.

Abbas Sisoes erzählte von seinem Besuch bei den Altvätern Or und Athre:

„Der Abbas Or war schon achtzehn Jahre krank. Ich warf mich vor ihm nieder und bat ihn um ein Wort. Und Abbas Or sprach: ‚Was hätte ich dir zu sagen? Geh und tu, was du siehst. Gott ist mit dem, der ein übriges tut, und gegen sich in allem Gewalt braucht.‘ – Zwischen Abbas Or und Abbas Athre herrschte große Eintracht, bis sie aus dem Leibe schieden. Abbas Athre war besonders stark im Gehorsam und Abbas Or in der Demut. Ich verweilte einige Tage bei ihnen, um herauszufinden, wie sie miteinander lebten. Und ich sah ein großes Wunder, das Abbas Athre da tat. Jemand brachte ihnen einen kleinen Fisch, und der Abbas Athre wollte ihn für den Greis zubereiten. Er hatte eben das Messer ergriffen, um den Fisch auszuschneiden, da rief ihn der Abbas Or. Und er ließ das Messer mitten im Fisch stecken und schnitt nicht weiter. Ich bewunderte den großen Gehorsam deswegen, weil er nicht etwa sagte: ‚Warte ein wenig, bis ich den Fisch zerteilt habe.‘ Ich sagte zu Abbas Athre: ‚Wo hast du solchen Gehorsam gelernt?‘ Und er erklärte mir: ‚Es ist nicht der meine, sondern der des Altvaters‘ (sozusagen also vom Älteren auf den Jüngeren in einer Art Geistzeugung übergegangen). Er nahm mich beiseite und sagte: ‚Komm und sieh seinen Gehorsam.‘ Er kochte den Fisch und verdarb ihn absichtlich und setzte ihn so dem Greis vor. Der aß, ohne ein Wort zu sagen. Und Athre sagte zu ihm: ‚Ist er nicht gut, Vater?‘ Er antwortete: ‚Sehr gut!‘ Hernach brachte Abbas Or ihm ein gut gebratenes Stück und sagte: ‚Ich habe es verdorben, Vater!‘ Und Abbas Or sagte: ‚Ja, du hast es ein bißchen verdorben.‘ Und Abbas Athre sagte zu mir: ‚Hast du den Gehorsam des Altvaters gesehen?‘“ (WdV Nr. 776)

Wir empfinden heute solche Nachgiebigkeit spontan vielleicht eher als negativ, als ein Zeichen von Schwäche. Den eigenen Standpunkt furchtlos (und rücksichtslos!) zu vertreten gilt als Gebot der Ehrlichkeit, der Wahrhaftigkeit. Wer jedermann gefällig sein will, wirkt rückgratlos. Und nicht selten stimmt dieser Eindruck. Auch die Altväter sprechen gelegentlich von einer Art von Nachgiebigkeit, die den Frieden nicht fördert, der eigenen Seele schadet und dem Bruder nicht nutzt. So etwa wenn dieser von Neid oder Eifersucht wie vergiftet ist. Dagegen ist nach Meinung der Väter nicht anzukommen. Hier raten sie sogar manchmal zur Flucht, obwohl sie sonst Ausharren und Ausleiden für ein unverzichtbares Mittel der Askese halten. Grundsätzlich gilt bei ihnen aber: Nachgeben ist Ausdruck seelischer Stärke, Zeichen überlegener Weisheit – einer Weisheit, die das Unwesentliche nicht verwesentlicht, damit Wesentliches nicht verunwesentlicht werde. Miteinander streiten um verschiedene Meinungen, das ist meist den ganzen seelischen Aufwand nicht wert – die Liebe leidet Schaden, die Herzensruhe wird zerstört.

„Altvater Niketa berichtete von zwei Brüdern, die zusammenkamen, um ein gemeinsames Leben zu führen. Der eine nahm sich folgendes vor: ‚Wenn mein Bruder etwas wünscht, dann werde ich es ihm tun.‘ Ebenso dachte auch der andere: ‚Ich werde den Willen meines Bruders tun.‘ Und sie lebten viele Jahre in großer Eintracht. Als der Feind das sah, zog er aus, sie zu trennen. Er stellte sich an die Vordertür und zeigte sich dem einen als Taube, dem anderen als Krähe. Da sagte der eine: ‚Siehst du die Taube da?' Der andere darauf: ‚Das ist doch eine Krähe!' Und sie begannen zu streiten, indem einer dem anderen widersprach, und sie erhoben sich und begannen einen Kampf bis aufs Blut zur größten Freude des Feindes, und sie trennten sich. Nach drei Tagen kamen sie zu sich und besannen sich, warfen sich einander zu Füßen, und dann gab ein jeder zu, daß es ein Vogel gewesen sei, was sie gesehen hatten. Sie erkannten die Anfechtung des Teufels und blieben ungetrennt beieinander bis zum Ende" (WdV Nr. 565).

Solche Bereitwilligkeit untereinander, Nachgiebigkeit – „Gehorsam", wie die Väter sagten – lähmt den Willen nicht, sondern befreit ihn. Das Leben eines Wüstenasketen setzt geradezu elementare Willenskräfte voraus, einen freilich ebenso disziplinierten wie unbeugsamen Willen. Was durch Gehorsam getötet wird, ist nicht der eigentliche Tiefenwille, sondern der ungesteuert hin und her zuckende Oberflächenwille. Am Beispiel eines Süchtigen verdeutlicht: irgendwie „will" er heraus aus einer Abhängigkeit, schon aus Selbsterhaltungstrieb. Dennoch wird er immer wieder rückfällig, denn was er will, will er nur halb. Daß er den Verzicht auf seine fatalen Tröster nicht radikal – das heißt: aus der Wurzel seines Wesens – wollen kann, macht seine Süchtigkeit aus. Ein Willensentschluß aus dem Kern der Person würde Wunder wirken. Das Wunder der Befreiung! Aber genau über diesen elementaren Willen gebietet der Mensch nicht einfach, er kann ihn nicht, wann immer er will, mobilisieren. Er ist nicht „Herr seiner selbst". Die „Kreuzigung des Willens", von der diese Väter sprechen, ist nicht Selbstzweck. Sie ist Werkzeug, um jenen unruhigen Oberflächenwillen zu disziplinieren, der den Menschen hindert, mit seinem ganzen Wesen in dem zu sein, was er Gutes will.

In allen spirituellen Schulen (ob christlich, jüdisch, islamisch, hinduistisch, buddhistisch) beharren die Weisen darauf, daß es keinen spirituellen Fortschritt ohne radikalen Gehorsam gibt. Erst wenn die oberflächigen hektischen Willensimpulse zur Ruhe kommen, kann der bisher gelähmte Tiefenwille erwachen und in seiner ganzen Kraft regsam werden, um das, was Gott will (oder das wahre, ewige, göttliche Selbst, wie immer man es nennen mag), mit dem ganzen Wesen zu wollen; und nichts anderes mehr zu wollen als das, was Gott will; damit der Wille ganz in Gottes Willen einschwinge, mit ihm verschmelze. Die Erzählungen aus den Kreisen der Altväter zeigen, daß dieser so notwendige Gehorsam nicht nur gegenüber dem geistlichen Vater trainiert werden kann, sondern auch jedem Bruder gegenüber.

Demut und Gehorsam: das sind die Tugenden, die diese „Athleten“ in der geistigen Kampfbahn vor der Härte der Rigoristen, vor dem Eifern der Selbstgerechten bewahren. Demut und Gehorsam sind es, die diesen rauhen Asketen bei äußerster Strenge gegen sich selbst das Herz für den Nächsten so mitfühlend, zart und sanft machen.

„Man erzählte von Altvater Makarios dem Großen, daß er, wie es in der Schrift heißt, ein Gott auf Erden war (Ps 82,6); denn wie Gott die Erde schützend deckt, so bedeckt Altvater Makarios die Schwächen, die er sah, als sähe er sie nicht, und was er hörte, als hörte er es nicht“ (WdV Nr. 485).

Einen Bruder bei einer Schwäche ertappen und ihn merken lassen, was man bemerkt hat; nicht hindern, daß einer der Brüder vor den anderen bloßgestellt wird; Ursache dafür sein, daß einer vor Scham erröten muß: das galt als ernste Verfehlung gegen die mitbrüderliche Rücksicht. In diesem Punkt waren manche Altväter sogar äußerst zart besaitet: eine Einstellung, die freilich keinerlei Verwandtschaft hat mit der heute leichten Herzens geübten Toleranz. Die Altväter wußten, was „böse“ war, und waren nicht im geringsten versucht, es zu bagatellisieren.

Altvater Ammonas – er war Bischof – kam eines Tages an einen Ort, wo große Aufregung herrschte. Alle glaubten zu wissen, daß eine Frau sich im Kellion eines Bruders aufhalte, der sowieso schon in schlechtem Ruf stand. Ein Gerücht und, wie wir sehen werden, kein falsches!

„Als die Leute erfuhren, daß Bischof Ammonas am Ort sei, gingen sie zu ihm und forderten ihn auf, mit ihnen zu kommen.

Als jener Mönch das merkte, nahm er das Weib und verbarg es in einem großen Faß. Wie nun die Menge eintraf, wußte Altvater Ammonas bereits, was vorgefallen war, doch um Gottes willen verdeckte er die Sache. Er trat ein, setzte sich auf das Faß und ordnete eine Durchsuchung des Kellions an. Aber obwohl sie sorglich suchten, fanden sie das Weib nicht. Da sagte der Altvater Ammonas: ‚Was ist das? Gott soll euch vergeben (daß ihr den Bruder angeschwärzt habt)!‘ Dann nahm er den Bruder bei der Hand und ermahnte ihn: ‚Gib auf dich acht, Bruder!‘ Nach diesen Worten ging er weg“ (WdV Nr. 122).

Sogar kleine Blamagen, die uns vielleicht gar nicht der Rede wert scheinen, suchte man gern dem Nächsten zu ersparen. Das ist um so erstaunlicher, als es für diese Wüstenleute zur Askese gehört, daß man hart, sehr hart im Nehmen wird und Kränkungen, Beleidigungen, Verleumdungen so unbewegt hinnimmt, als läge man schon längst im Grab. Ja sie hinnimmt als etwas, das man seiner Sünden wegen sogar verdient hat!

„Als Abbas Johannes Kolobos einmal vor der Kirche saß, scharten sich die Brüder um ihn im Kreise und fragten ihn über ihre ‚Gedanken‘. Das sah ein Altvater, und von Neid angestachelt, sagte er zu ihm: ‚Johannes, dein Becher ist voll Gift!‘ Johannes antwortete: ‚So ist es, Vater! Und das hast du gesagt, obwohl du nur das Äußere siehst, wenn du erst das Innere sähest, was hättest du dann zu sagen!‘“ (WdV Nr. 323)

Aber eben vom selben Altvater wurde auch folgende Geschichte erzählt:

„Als einmal der Altvater Johannes Kolobos mit anderen Brüdern von der Sketis (einer dieser berühmten Einsiedlerwüsten in Unterägypten) herabstieg, verirrte sich ihr Führer, denn es war Nacht. Da sagten die Brüder zum Abbas Johannes: ‚Was sollen wir tun, Vater, da der Bruder den Weg verfehlt hat? Daß wir nur ja auf dieser Irrfahrt nicht sterben!‘ Der Greis antwortete ihnen: ‚Wenn wir es dem Bruder sagen, dann schmerzt und beschämt es ihn. Aber gebt acht, ich will mich erschöpft stellen und sagen: Ich kann nicht mehr weitergehen, sondern bleibe hier bis zum Morgen.‘ Und er machte es so. Darauf sagten die anderen: ‚Auch wir gehen nicht weiter, sondern bleiben bei dir sitzen.‘ Und so blieben sie sitzen bis zum Morgen und gaben dem Bruder keinen Anstoß“ (WdV Nr. 332).

Da ahnt man etwas vom Zauber der Demut und wundert sich nicht, wenn schon einer der Wüstenväter über Johannes Kolobos gesagt hat: „Wer ist dieser Johannes, der durch seine Demut die ganze Sketis an seinem kleinen Finger aufgehängt hat?“ (WdV Nr. 351)

Warum aber empfindet man es als derart wichtig, dem Nächsten Peinlichkeiten, Beschämungen, Blamagen zu ersparen? Warum errötet man selbst innerlich, wenn man einen anderen zum Erröten gebracht hat? Weil hier jedermann sich nicht nur um den Frieden der eigenen Seele sorgt, sondern auch um den Herzensfrieden der Brüder. So wie du selbst nach Ruhe strebst, nach Hesychia, sagen die Väter, so mußt du auch auf die Herzensruhe deines Nächsten bedacht sein und alles vermeiden, was ihn aufregt, erregt, erbittert und was ihn nur zu unfruchtbaren Selbstrechtfertigungen verführen würde.

„Abbas Poimen sprach: Wenn ein Mensch sündigt und es leugnet, indem er spricht: Ich habe nicht gesündigt – so verurteile ihn nicht (das heißt: beharre nicht auf dem, was du von ihm weißt). Andernfalls nimmst du ihm den Mut. Wenn du aber sagst: Sei nicht mutlos, Bruder, aber hüte dich in Zukunft!, dann erweckst du seine Seele zur Reue“ (WdV Nr. 597).

Solche Wachsamkeit für das, was im Herzen des anderen vorgeht, ist besonders bei Auseinandersetzungen geboten. Wird der andere unsachlich, affektgeladen, soll man die stärkere Position überlegener Ruhe nicht gegen ihn ausnutzen. Und mag man selbst noch so sehr im Recht sein!

„Ein Altvater sagte: Wenn zwischen dir und einem anderen sich ein Redestreit ergibt und der andere leugnet, indem er sagt: ‚Ich habe das nicht gesagt‘ – dann streite nicht mit ihm und sage nicht: ‚Doch, du hast es gesagt.‘ Sonst wird er erregt und sagt dir: ‚Ja, dann habe ich es eben gesagt!‘“ (WdV Nr. 1113). Womit ja wohl gemeint ist: Bitte, wenn du darauf bestehst –! Ein

Zugeständnis nur dem Scheine nach, aus Zorn, nicht aus Einsicht.

Recht behalten bedeutet überhaupt nichts, wenn der andere verärgert davongeht, keineswegs zur Einsicht gelangt, aber um seinen inneren Frieden gebracht wird.

Altvater Antonios konnte nach der Überlieferung seiner Schüler sagen: „Niemals habe ich meinen Vorteil dem Nutzen meines Bruders vorgezogen" (WdV Nr. 402).

Welch eine Devise! Und vielleicht auch für die meisten Mönche damals ein ewig unerreichtes Ideal! Aber immerhin träumten sie von einer brüderlichen Gemeinschaft, in der ein jeder auf die Bedürfnisse seines Nächsten orientiert sein würde, statt auf die Befriedigung der eigenen Bedürfnisse fixiert zu sein. Ihre Sehnsucht wird für uns greifbar in den Geschichten, die sie einander erzählten.

„Ein Bruder hatte Körbe gemacht und hatte auch schon die Henkel daran befestigt, da hörte er seinen Nachbarn sagen: ‚Was soll ich anfangen? Der Markttag ist nahe, und ich habe nichts, woraus ich die Handgriffe an den Körben machen könnte.' Als jener das hörte, ging er hin, zerstörte seine eigenen Henkel und brachte sie dem Bruder mit den Worten: ‚Siehe da, ich habe überflüssige Henkel, nimm sie, und befestige sie an deinen Körben.' So bewirkte der Altvater durch seine übergroße Liebe, daß die Arbeiten des Bruders vollendet wurden, die eigenen aber ließ er unvollendet" (WdV Nr. 1170).

Aber ist solche Art Selbstlosigkeit nicht psychisch bedenklich, fragen wir unwillkürlich. Werden da nicht ganz natürliche Bedürfnisse des Ichs zum Schweigen verurteilt, verdrängt? Offenbar haben dermaßen hochgespannte Ideale auch unter den Wüstenleuten gelegentlich zu seelischen Katastrophen, psychischen Zusammenbrüchen, völligen Verhaltensentgleisungen geführt. Ein Grund mehr, den Anfänger im geistlichen Leben unter die konsequente Führung eines Meisters zu stellen! Auch die richtigste Strebung kann aus der Bahn geraten. Eine Seelenführung freilich, die ihre Maximum vornehmlich von der kranken Psyche her gewinnt, berücksichtigt am Ende mehr die möglichen Entartungen der Antriebe als ihre eigentliche Art. Der Urantrieb der Liebe etwa, die Bedürfnisse des geliebten Menschen über die eigenen Bedürfnisse zu stellen, kann natürlich verschrobene, ja neurotische Züge annehmen. Das beweist nichts gegen das schöne Recht der Liebe, in der Beglückung des Geliebten das höchste Glück für sich selbst zu finden. Genausowenig wie die Entartungen der Selbstbehauptung diesen Naturtrieb aller Lebewesen von vornherein ins Unrecht setzen würden!

Beide Strebungen wohnen der Seele inne, beide können sie entarten. Heute betont man gewisse psychische Gefahren im Gefolge der Selbst-Hingabe, ist wie fixiert von diesen Problemen und baut darum partnerschaftliches Leben lieber von der beiderseitigen Selbst-Behauptung her auf. Die Frühchristlichen Meister hätten (wie wohl jeder wahre „Meister des Weges“, in welcher Religion auch immer!) die Idee für absurd gehalten., daß der Mensch durch „Selbstbehauptung“ zu seinem eigentlichen Selbst kommen werde. Sie hielten es mit dem Wort des Evangeliums: Wer sein Leben retten will, wird es verlieren – wer sein Leben verloren gibt um Gottes willen, wird es finden. Das war für sie nicht nur eine Glaubenswahrheit, sondern Erfahrungswahrheit, in zahllosen Lebensexperimenten erprobt. Dabei darf man freilich nicht übersehen, daß diese Mönchsväter von einer Basis her operierten, die heute nicht jedermann zugänglich ist. Für sie war alle menschliche Liebe ein Experimentierfeld der göttlichen Liebe, unersetzlich und unverzichtbar.

Sie flohen die Menschen, um sie von neuem zu suchen.

Sie gingen in die Einsamkeit – und fanden eine neue, ganz andere Art des Miteinanderlebens.

Sie verließen alles, um nur noch für Gott dazusein – und erlebten, wie in diesem Leben für Gott das Verhältnis zum Bruder, zum jeweils Nächsten, den Angelpunkt darstellt. „Der Altvater Antonios sagte: Vom Nächsten her kommen uns Leben und Tod. Gewinnen wir nämlich den Bruder, so gewinnen wir Gott. Geben wir hingegen dem Bruder Ärgernis, so sündigen wir gegen Christus“ (WdV Nr. 9).

Ziel nämlich der Pilgerfahrt der Seele ist letztlich nicht eine himmlische Eremitenklause, sondern – nach der Bildersprache der Bibel – die Himmlische *Stadt*, das Neue Jerusalem, das himmlische Hochzeitsmahl, die brüderliche Festgemeinschaft:

Brüder werden
  Engel und Selige.
Christi Liebe
  eint sie verklärt im Licht.
Und sie singen
  ihm, der als Sieger thront,
Freudenhymnen[27].

---

[27] Aus dem Hymnus „Heil dem Tage, der unsere Tage krönt" – Übertragung ins Deutsche von „Salve dies, dierum gloria" – Hymnus von Adam von St. Viktor (1192), aus: Stundenbuch für die katholischen Bistümer des deutschen Sprachgebiets – Authentische Ausgabe für den liturgischen Gebrauch.